YVONNE VERNON

CHINE
JAPON
STAMBOUL

Il a été tiré de cet ouvrage
500 exemplaires numérotés sur
papier demi-grain des Papeteries
Cran-Gevrier.

Exemplaire Nᵒ

CHINE
JAPON
STAMBOUL

YVONNE VERNON

CHINE
JAPON
STAMBOUL

Préface de Charles DIEHL
Membre de l'Institut
Professeur à la Sorbonne

A. TOLMER & Cⁱᵉ
ÉDITEURS
13, Quai d'Anjou, PARIS

PRÉFACE

J'ai rencontré Yvonne Vernon en 1904, au cours d'un voyage en Palestine et en Syrie. Elle était alors dans tout l'éclat de sa grâce et de sa beauté,
dans tout l'épanouissement de cette intelligence dont aucun de ceux qui ont
eu l'honneur de l'approcher n'a pu oublier le charme. Elle venait justement
de faire paraître son premier livre : Terres de lumière ; et dans des pages
souvent remarquables, cette toute jeune fille avait noté avec une singulière
puissance de vision et d'émotion les impressions qu'elle rapportait de
Sicile et d'Espagne, d'Asie Mineure ou d'Hellade. C'est qu'Yvonne Vernon
savait merveilleusement sentir les aspects colorés des paysages et la splendeur
émouvante des monuments ; sa curiosité avertie s'ouvrait à toutes les formes
de l'art, son âme mobile et profonde vibrait à toutes les expressions de la
beauté. Et telle en effet je la vis au cours de ce voyage, dans l'ombre du
Saint-Sépulcre comme sur l'esplanade éclatante du Haram-es-Cherif, dans
les claires mosquées de Damas comme dans les graves cathédrales de Famagouste, aux rives de la mer Morte comme aux ruines de Baalbeck, comprenant
et aimant toutes choses, la grâce d'un geste pittoresque surpris à l'improviste comme la révélation d'un paysage brusquement apparu, la poésie
mélancolique des ruines toutes pleines de passé comme la splendeur merveilleuse des chefs-d'œuvre immortels. Yvonne Vernon aimait passionnément
le voyage ; sur la première page de Terres de lumière elle a inscrit comme

épigraphe cette phrase de Jacques Vontade, qui la peint toute entière :
« Partir, c'est commencer à vivre davantage. » Et en effet, dès qu'elle était
partie, elle vivait d'une vie plus pleine et plus intense, et sa joie de vivre se
répandait autour d'elle comme un rayonnement qui illuminait les choses.

Je me souviens d'une promenade que je fis un soir, en sa compagnie,
dans quelques mosquées anciennes de Damas, de celles que d'ordinaire les
touristes ne visitent point. C'était l'heure de la prière ; et dans ces quartiers
purement musulmans, où la foule pieuse des fidèles se hâtait vers les sanc-
tuaires, notre présence étrangère surprenait et scandalisait un peu. Mais tel
était, sur ces Arabes chevaleresques, le prestige merveilleux de la beauté que
devant elle s'ouvraient naturellement les portes les mieux closes d'habitude,
les mosquées les plus sévèrement défendues ; et de ce prestige j'ai retenu
un exemple, amusant et caractéristique tout ensemble. Dans une de ces
vieilles mosquées, où un clair jet d'eau murmurait sous les arbres de la
cour, une paire de babouches seulement s'était rencontrée à l'usage des
indiscrets visiteurs que nous étions : de sorte que je m'arrêtais au seuil du
sanctuaire. L'iman eut une hésitation ; puis il regarda celle que j'accom-
pagnais, et l'hommage dû à tant de grâce et d'élégance lui fit oublier le
respect dû à la sainteté du lieu. Il s'inclina vers Yvonne Vernon et, d'un geste
courtois, il m'invita à la suivre et à poser sur les tapis de prière immaculés
mes bottes empoussiérées d'infidèle. Et c'est une des plus belles victoires
assurément que j'aie jamais vu remporter par une jolie femme.

Dans le petit volume en tête duquel j'écris ces quelques pages, on
trouvera les impressions d'autres voyages que fit Yvonne Vernon, impressions
de cet Orient musulman où toujours elle revenait avec un plaisir singulier,
impressions d'un Orient plus lointain dont elle sentit et goûta profondément
l'attrait mystérieux. Yvonne Vernon y a évoqué, en notations brèves et charmantes, le décor merveilleux de Stamboul, avec ses eaux vives, ses verdures,
ses coloris tendres et violents, et la mystique poésie du saint quartier d'Eyoub,
et la pieuse exaltation des derviches de Scutari, et la grâce de la mosquée
de Soliman « aux larges voûtes résonnantes, aux tapis diaprés comme les

champs du printemps », la mosquée de Soliman au milieu de « ses jardins emplis de vieux cyprès, de stèles et de turbés », où il semble que l'âme puisse « s'exalter à des sources de vertige et de poésie incomparables. » Elle y a évoqué, en des pages d'une analyse aiguë et fine, ses souvenirs du Japon, jour de pluie nostalgique à Kioto, clair de lune à Kyomizu-Dera, délicieux et mélancolique, où est noté d'un accent si profond et si douloureux tout ce qu'ajoute à l'exceptionnelle beauté des choses la fatalité implacable qui les fait éphémères. Elle y a évoqué surtout ses impressions de Chine : Pékin, ses rues, ses palais et ses temples, et la vallée solitaire où s'élèvent les tombeaux des Mings, et la plaine fauve et morne où se dresse le rempart formidable de la Grande Muraille, Chang-Haï et ses chanteuses et ses maisons de thé et Macao la Portugaise avec ses pieux offices et ses jardins merveilleux. Dans ces pages où tant de choses sont à retenir — vision d'un mariage chinois qui passe, mystérieux et sentimental, attrait des jades précieux à la splendeur veloutée, bien d'autres passages encore — on trouvera amplifiées, mûries et réalisées toutes les rares qualités de style, toutes les belles promesses de talent que faisait pressentir jadis Terres de lumière. Et en parcourant ces pages que la main pieuse d'une mère a voulu recueillir pour éterniser une mémoire adorée, plus d'un lecteur sans doute regrettera que la vie trop brève n'ait pas permis à Yvonne Vernon de remplir toute sa destinée.

Elle dort aujourd'hui dans cet admirable cimetière de Menton, qui se dresse au-dessus de la mer comme une acropole antique, en face d'un des plus beaux paysages qu'il y ait au monde. Et si, dans l'ombre éternelle, ceux qui sont partis conservent quelque souvenir des choses qu'ils aimèrent ici-bas, ce doit être pour Yvonne Vernon comme une suprême joie de reposer ainsi en face de l'horizon infini des flots, en face des Alpes aux lignes harmonieuses, dans un de ces paysages qui lui furent si chers et qui surent tant de fois émouvoir son âme vibrante, enthousiaste et sincère.

Charles DIEHL,
de l'Institut.

TURQUIE

LA TURQUIE

E pays où s'est conservé le goût des eaux vives, des verdures, des coloris brûlés, tendres et violents, du luxe à la fois simple et poétique obtenu par la collaboration du marbre et d'une ornementation calligraphique, soit qu'un verset du Koran, en lettres d'or, pare une stèle funéraire, ou la fontaine de la rue, ou un kiosque impérial, ou encore le contour d'une de ces mosquées dont les faïences luisent de toute la douceur marine de leurs reflets d'algue et de turquoise.

On s'explique malaisément l'âme d'un habitant de Stamboul, cette ville du XXe siècle, dont pas une affiche, ni un prospectus, ni un journal, rien de la fiévreuse activité de nos rues d'Occident n'altère la quiétude.

Une âme, sans doute, forte en sa naïveté, que les traditions ont fixée avec des racines aussi puissantes que celles de ces platanes sur les petites places publiques où sont installés, tout de guinguois, des marchés et des « cafedjis » : beaux platanes qui retenez, par votre charme ancestral et la fraîcheur amassée dans votre feuillage, la dispersion d'une foule passagère !

La croyance religieuse interdit à la pensée tout écart, tout désœuvrement ; elle est à l'âme ce que le ciment est à la brique ; la curiosité (issue d'une secrète ardeur inemployée, en même temps que d'une impuissance à voir en profondeur et loin) lui est aussi étrangère qu'un colchique des prés aux terres de labour.

Mais ce qui donne à la foi musulmane je ne sais quel caractère désintéressé, une autorité philosophique en quelque sorte, c'est ce sentiment fataliste de la vanité de tout effort, du néant de toute recherche, symbolisé par ce nœud inéluctable où la suprême et précaire raison ne retrouve jamais qu'elle-même. En outre, elle n'étouffe pas cette poésie inhérente à la race de ses adeptes, à cette race d'artistes et de conquérants qui, à l'ombre des étendards d'Islam, surent laisser fleurir leurs villes : les tiges de leurs minarets, les épanouissements de leurs coupoles, tous ces gigantesques jardins de pierre qui, de Perse au Maroc, des Indes au Levant, immobilisent dans l'éternité des azurs, la fermeté de leurs silhouettes !

D'ailleurs, que naîtrait-il de cet incomparable silence qui, aux rues de Stamboul, sied comme à un paysage les robes du crépuscule, si ce n'était de la méditation ou du rêve ? Et les cimetières, dont cette ville est entourée et traversée, n'ont-ils pas, avec leur odeur d'herbes déferlant dans l'ombre violette des arbres, le don persuasif de faire aimer la vie en appréciant la mort ?

L'admirable leitmotiv que celui-là.

Il n'est pas de verger, pas de dervicherie, pas de bazar, pas de terrain vague qui n'ait sa stèle rigide ou fléchissante. Et quelle leçon d'égalité ! Sauf au cimetière d'Eyoub où, derrière des grilles forgées et des balustres de marbre, s'affaissent, sous une marée de verdure, dans un bocage inouï aux ramures chantantes, des mausolées de hauts fonctionnaires, de princesses du sang, de chefs d'eunuques, la terre partout ailleurs est accueillante aux morts, sans prestige ni rang. Le respect des passants, la familiarité touchante avec laquelle ils entretiennent commerce avec l'autre vie, et cette préférence qui leur fait goûter plus savoureusement la paix et la fraîcheur dans les bois funéraires, comme si l'ombre y était plus foncée, la poésie plus secrète, le souvenir plus irrésistible, ne sont-ils pas plus caractéristiques que certains traits de mœurs d'une singularité un peu superficielle et d'une banale renommée ?

LES DERVICHES TOURNEURS

Ils habitent le très saint Eyoub, au fond de la Corne d'Or, dans une série de maisonnettes taillées dans le bois de cette forêt de Belgrade qui donne aux harmonies du quartier turc une note brûlée, craquante à l'œil, comme si le beau temps même y passait avec une flamme brunie.

Le jardin, alentour, y est charmant comme partout : modeste et délicieux avec ses carrés de légumes et l'odeur de ses roses jaillies de toutes parts, soit que, mariées aux vignes elles s'échappent des treilles, des berceaux, soit qu'elles s'élèvent en myriades pressées, d'une pelouse.

Le clapotis des remous de la Corne d'Or contre le quai de la mosquée voisine est comme une confidence qu'échangeraient intarissablement l'eau et le marbre. Et par ce temps livide, où le vent a des plaintes stridentes d'équinoxe, on dirait qu'ils accélèrent leurs babillages, que leur secret les inquiète, rompt le rythme de leur doux murmure incessant.

Mais voici tout à coup une voix de « muezzin », et les yeux ont beau en chercher la cause au balcon d'un minaret, rien n'y apparaît, sinon un oiseau noir dont l'aile s'y heurte en volant. C'est que, cette fois, le muezzin (un petit vieux courbé comme sous le poids de feutre, dirait-on, de son haut bonnet de derviche), lance son appel du fond du jardin, un appel aigu, rauque, prolongé, avec des intervalles, comme s'il était asthmatique.

Alors, les portes pareilles des petites maisons de bois s'entrebâillent et il en sort un, deux, trois, huit, dix derviches, drapés d'un noir manteau dont la longueur ne dissimule pas un bas de robe éclatante. Très nobles, avec leurs traînantes babouches, et cette coiffure persane telle qu'on en voit aux miniatures fleuries des vieux Gulistans, ils gagnent la mosquée. Et cependant que, retenus au dehors, les touristes ne saisissent de leur prière qu'un murmure assez confus, le vent enfle et diminue, là-haut, dans les harpes funèbres des cyprès d'Eyoub, dessinant, en contre-point, un accompagnement mineur à ces prières...

Mais on permet d'entrer.

Après des génuflexions, les baisements de la main du chef, les prosternations passionnées comme si le corps du fidèle allait se dissoudre ineffablement dans le sol, et des figurations, des défilés ordonnés comme ceux d'un corps de ballet, au son d'une musique de flûtes et de tambours, commence la danse. Car on on peut l'appeler ainsi, cette sorte d'exercice sacré, d'un mouvement à la fois violent et gracieux, emporté et précis, qui donne à ces hommes pâlis de vertige un aspect de grands phalènes tournoyants.

Ils ont dépouillé leurs manteaux, et leurs robes, pareilles à de brillantes ailes, ont pris des teintes de fleurs, de ciels, de climats.

Les inquiétants danseurs !

Sous leurs paupières mi-closes, dans la rigidité de leur geste harmonieux, ils guettent et attirent « l'hypnose », ils la souhaitent avec cette frénésie secrète que révèle leur physionomie de fanatique toute fermée et tournée en dedans, cependant que leur volonté, affermie par l'habitude, en maîtrise le désir pour plus voluptueusement l'attarder.

Pourtant ils ne tombent pas. La musique accélère ou ralentit en vain ses rythmes énervés et plaintifs, les joueurs de flûtes inclinent de plus en plus leurs têtes mélancoliques, comme si, envahis d'une mystique griserie, tout entière contenue au creux de leurs instruments, ils allaient eux aussi défaillir. Il n'y a que les joueurs de tambours dont le calme reste égal, là autant que dans les petits cafés maures, lorsqu'aux lueurs douteuses d'une rampe, se tordent de lascives danseuses.

Et à travers les vitres de la mosquée rayées de pluie, on aperçoit la Corne d'Or qui, fouettée par l'averse, remue ses eaux épaissies, des barques aux voiles charbonneuses, des détritus, formant une vivante bordure de marine au grand décor de Stamboul qui s'enlève là-bas sur le ciel pâle, grandiose et mort, comme une de ces villes ensorcelées que les génies des Mille et une Nuits construisaient pour une seule sirène et un magicien.

LES DERVICHES HURLEURS
DE SCUTARI D'ASIE

Une salle basse, sommairement convertie en mosquée, avec quelques colonnes, une loge grillagée pour les femmes, un espace en contre-bas pour trois tombeaux recouverts d'un drap vert, de châles de kaschmir et de turbans ; des tapis en poil de chèvre et des nattes sur le sol, des tambourins aux murs, et le Mir'hab.

Le silence et la solitude sont d'abord les deux divinités qui habitent ce lieu. Sous leur puissance propice, se développe, comme un pénétrant parfum, le charme d'humilité des choses. On dirait que cette atmosphère de sanctification dans laquelle elles baignent, leur donne une intensité plus vivante ; la déviation de la balustrade, l'éclat du lustre, l'usure du tapis, et ces catafalques affaissés sous le poids des ans que le soleil printanier, avec son impérieuse allégresse, semble vouloir traverser pour y réveiller les vieux morts ; chaque détail a son histoire, sa personnalité intime, marque l'étape d'un destin, cependant que cette fatalité, qui des herbes aux étoiles fait monter et descendre la vie comme un flux sonore dans de grandes orgues, les appareille à son harmonie.

Les moindres bruits s'exaspèrent. On entend un imperceptible craquement, la chute soyeuse d'un insecte, une fêlure : et ce sont de petites morts. L'étendard en soie verte que l'on n'avait pas remarqué, au-dessus du Mir'hab, s'éclaire tout à coup, et ses ors ternis, sa bordure effrangée, sa vétusté retrouvent, soudain, leur aspect héroïque, comme lorsqu'il claquait au vent des batailles, dans la turquoise mourante des crépuscules d'Asie.

Mais d'où vient ce balbutiement de patenôtres ?

D'un mendiant accroupi au pied d'un des « turbés ». Comme il est bien associé au décor, cet infortuné comparse, comme il a cette indéfinissable teinte de rouille, de brume, de misère, qu'ont même les choses très belles un peu passées, et comme sa ferveur est discrète ! Ce n'est pas comme celle des fanatiques qui, tout à l'heure, vont faire retentir la paisible mosquée de leur sauvage adoration.

Ah ! ce sera un tableau d'une sombre beauté, une sorte de Véronèse d'où seraient absents le luxe et la grâce lascive des courtisanes et des patriciens, et où il ne resterait pas non plus le perroquet, fier comme un faucon, que tient au poing avec une gravité bouffonne un jeune page enturbanné, vêtu d'un cafetan somptueux au ton de fruit. Un Véronèse, plutôt, par la rutilance contenue des couleurs, auquel il faudrait joindre le mystérieux dramatique de Rembrandt et la violence du Tintoret. D'abord, les jeux brusques d'ombre et de lumière reconstruisant sans cesse, sur des plans nouveaux, l'intérieur de la mosquée. Puis, l'assistance : un jeune « effendi » à la mise nette, assis entre un vieil officier qui larmoie en égrenant son chapelet, et un Syrien à la maigreur brûlée, dont les yeux dévorent, comme ils dévorent sans doute les ardeurs monotones du grand désert, les péripéties de la cérémonie.

Car elle est, en effet, pleine de péripéties, cette cérémonie qui commence avec tant d'ordonnance qu'on la confondrait, sans les intonations gutturales de l'arabe, dans la lecture chantée du Koran, avec quelque office orthodoxe ou latin.

D'abord, devant le Mir'hab, un grand Abyssin, tout de noir drapé, entonne impérieusement un « surate » lorsque la piété s'alanguit ; c'est lui qui ordonne les prosternations précédées de ce salut qui comporte tant d'élégante humilité : les mains projetées en avant, ouvertes comme pour « quêter la grâce » remontent tout à coup aux oreilles, puis, passent furtivement sur le visage et le haut du buste, afin d'en chasser l'impureté.

Les derviches d'ici n'ont pas le haut bonnet persan de ceux d'Eyoub, c'est plutôt un simple tarbouch en feutre beige liseré de vert, qu'ils posent sur une coiffe de toile blanche. Leurs costumes sont disparates. D'ailleurs, chacun peut être derviche à ses heures si la ferveur et une certaine tenue de vie les y autorisent. Aujourd'hui, se trouvent réunis un officier de cavalerie, un négociant de Péra d'une obésité effrayante, des pêcheurs de Scutari, un eunuque à l'inquiétant visage effilé, avec des pommettes à l'égyptienne, et d'une si étrange solennité dans sa redingote marron ; enfin de purs Arabes, où la noblesse nerveuse du type nomade se retrouve sous la blancheur du turban et de la veste élimée et éclatante. L'un d'eux surtout, au profil osseux, à la barbe frisée et maigre comme un chacal, a des sursauts de convulsionnaire. Son turban et son cafetan verts éclairent le coin obscur où il prie, d'une splendeur inattendue, qui fait songer aux grands Vénitiens, dont la musicale peinture savait mettre à l'endroit propice l'ombre qui assourdit et le ton qui chante. D'ailleurs, il n'est pas que ce Syrien dont l'extrême pittoresque réjouisse les yeux. Les plus pauvres portent des robes d'une diversité agréable qui relèvent la monotonie de leur manteau sombre.

Mais aucun ne possède l'allure, la majesté sacerdotale du « cheik » qui entre. C'est un « cheik » très saint qui tout à l'heure, après le « zikre », accomplira des façons de miracles en piétinant des enfants estropiés, en soufflant sur des vieillards, en exorcisant des possédés.

Il est fort beau, avec d'immenses yeux noirs très frangés, très longs, dont le regard tourne indéfiniment, et son profil busqué, ombré par une gravité intérieure, a un peu de la tristesse des oiseaux nocturnes. Il a des gestes de mansuétude et de solennité. Sa démarche glissante a une autorité qui pénètre. Lorsqu'il est entré, l'Abyssin seul debout devant le Mir'hab, s'est prosterné, baisant pieusement la main qu'il lui tendait ; et cependant qu'un redoublement de ferveur passait sur l'assemblée, des ardeurs fanatiques s'allumaient dans la nuit de quelques prunelles. La rude foi !

Maintenant, c'est une succession ininterrompue de fidèles qui s'approchent de lui, le dos fléchissant ; parfois, il dérobe la main que les lèvres convoitent avec un tremblement, il la refuse d'un geste vif et sournois, et l'on sent peser la punition.

Voici un vieillard tout en larmes. Son enthousiasme n'a plus de bornes à la suite d'une guérison opérée la semaine dernière. Il arrache la main de l'Iman, la couvre de baisers, et vainement la modestie de ce dernier cherche-t-elle à réfréner ce débordement de gratitude.

Mais la musique commence.

La chevrotante musique de flûtes et de tambours à laquelle se marie si bien la psalmodie nasillarde des derviches, ponctuée de sons d'orgue allongés, sombres, d'une mélancolie funèbre.

D'abord, ils ne répètent que la même louange : une phrase aux assonnances rauques, où les noms d'Allah et de Mohammed ont une glorieuse valeur ; puis, peu à peu, à mesure que le rythme accélère les mouvements de leurs corps et de leurs lèvres, la phrase réduite, haussée d'un ton, s'exaspère, n'est plus, lorsqu'une croissante exaltation les rend pareils à de mols cadavres qu'agiterait à un gibet un vent sinistre, qu'une interjection haletante, un hurlement douloureux, un arrachement d'âme !

A droite, à gauche, en avant, en arrière, pauvres loques qui ne tiennent debout que parce qu'elles sont pressées les unes contre les autres en étroite file, et que disloquera, tout à l'heure, la chute d'un corps sur le tapis, dans un moment de paroxysme où ne s'entendra plus que le râle effrayant de ces poitrines suantes !

Mais il suffira à l'Iman de passer devant ce rang défaillant pour en ranimer la flamme et les conduire à ce sommet de l'extase où, avec des contorsions d'épileptiques, les prunelles retournées, la bouche écumeuse, ils rendront à Dieu, dans un suprême spasme, l'hommage de leur anéantissement.

LES EAUX-DOUCES D'ASIE

Il y a, comme chacun sait, celles d'Europe et celles d'Asie. Mais ce qui fait leur charme commun, c'est la solitude ou l'animation qui, tour à tour, parent leurs rives : tel un climat variable orne d'agréments divers un même paysage.

A une semaine d'intervalle cependant, aux unes comme aux autres, le temps s'y montra pareil.

Eclairées secrètement par le soleil, les brumes qui s'élèvent de la Corne d'Or ressemblaient à ces voiles lamés qu'agitent les danseuses comme si elles captaient, au lieu de papillons, des clairs de lune et des éclairs. Les fermes perspectives fléchissaient dans une buée trompeuse, et le grand Stamboul flottait comme dans un mirage, avec ses minarets et ses cyprès qui semblaient jaillir de la nue.

Tout était gris, uniforme, assourdi. En de rares instants seulement, une éclaircie découvrait sur le ruban brillant des eaux, un va et vient de caïques et de navires, un coin de la rive d'Asie où, noyées dans la verdure, les rouges maisons de Scutari hermétiquement closes semblent hantées, et tout en haut d'une colline, des palais de marbre, une mosquée, des jardins en terrasses où la vigne s'enroule au cyprès comme à un thyrse noir.

Mais, bientôt, le vertige de la féerie ramenait des voiles sur la face des choses, et le décor sublime se dissipait en vapeur, comme ces beaux nuages qui sans cesse s'abîment et renaissent d'eux-mêmes.

Aux Eaux-Douces d'Asie, une double prairie baigne les seringas, les fougères et les sureaux de ses rives dans un courant limpide qui semble heureux de s'attarder à ces fraîches caresses et coule mollement.

A droite, à gauche, se déroule un paysage d'Arcadie.

Des platanes centenaires aux écorces de cendre et de roses, isolés au milieu d'un gazon. Ils invitent au repos, au tendre loisir, aux sages entretiens ; le soleil qui descend comme une lampe de mosquée au-dessus de la colline les rend plus précieux, et leur ombre sent la feuille et la nuit. Partout il y a des femmes. Leurs robes fleurissent parmi les asphodèles et jusqu'au sommet des monticules, assises en rond ou en rang, leurs vives ombrelles forment des taches immobiles. Les lointains bleuâtres, les bergers avec leurs troupeaux et un air farouche, les plantes vénéneuses aux tiges molles dont le suc est comme du lait, la transparence de l'air, les calmes champs de labour et les attelages majestueux, et cette paix qui vient d'on ne sait où : du soir, de la prairie, des petites fées métamorphosées en grenouilles qui chantent dans les étangs, ou de la simplicité de ces femmes qui, en relevant leur voile brodé d'or, ont dissipé le mystère de leurs yeux ?...

Eaux-Douces d'Europe, autre décor. C'était un vendredi, soit un dimanche musulman, et tout le long des berges circulait une foule en vêtements de fête.

Des femmes aux « habbarahs » de couleur comme des dominos de carnaval, des marchands de « dondourma » aux tintants seaux de cuivre, des cavaliers fringants, des officiers, des chiens, de beaux enfants, tout cela entremêlé de gitanes dansantes qui, au son d'un tympanon et de deux flûtes, s'amusaient à voir jouer et trembler dans la rivière, à travers un saule incliné, leurs mobiles images.

Or, au milieu de cette foule à la fois civile et travestie, selon l'importance qu'y prenaient tour à tour les Levantins ou les musulmanes, l'ajustement de ces Bohémiennes, nuancé comme par un secret printemps, réjouissait singulièrement le cœur. Elles portaient des voiles peints dans le goût persan, de ces voiles où les roses brochent l'azur d'un tissu élimé et profond comme la nuit. D'autres étaient pareilles à des hortensias, à des fuchsias, à de pâles iris. Assises sur un talus d'herbes, leurs guenilles brillaient d'une douce poésie ou d'un luxueux éclat, et même de près, la tonalité en faisait oublier l'usure.

Mais la mise fleurie d'aucune n'égalait celle d'une petite fille qui, loin des promeneurs, s'était blottie sous un grenadier, auprès d'une fontaine. Des sequins d'argent ornaient son front, et un bracelet à sa cheville en soulignait la finesse, une double gaze turquoise et verte enveloppait son svelte corps, et cette gaze était posée sur un transparent citron liseré de rose. Décrire l'audacieuse harmonie, la perfection orientale de cela est presque impossible ! Petite fille, où aviez-vous deviné que le soleil, les roses et l'eau peuvent combiner de telles alliances, et dans quel étang où macéraient des nénuphars, avez-vous laissé tremper votre écharpe ?

C'est d'un peu plus loin, sur un contrefort de colline plantée de stèles funéraires, que se déploie l'ensemble de la promenade.

Il est charmant cet endroit, et d'une pureté de style incomparable.

Toujours d'énormes arbres formant autour d'eux un îlot d'ombre ; des femmes accroupies ; à un détour de la rivière une petite mosquée crépie à la chaux, un frêle pont de bois conduisant à une place où des hommes en turban fument leur narguileh ; puis, au delà, des prairies naïves, où chaque fleur, chaque graminée, se détache, cependant qu'en se vallonnant leurs pentes se veloutent, jusqu'aux confins du grand cimetière là-bas, si sombre, si humide, et qu'on devine jonché d'aiguilles de pins.

Enfin, de l'autre côté, les marbres masqués d'ombrage, les pièces d'eau et la solitude d'un kiosque impérial. De sévères gardiens armés en défendent l'entrée, car ici toute résidence du Sultan est vénérée à l'égal des mosquées les plus saintes. Et c'est encore de la féerie des Mille et une Nuits que l'on devine derrière ces murailles couvertes de chèvre-feuille, la voluptueuse féerie où les éléments précieux, les oiseaux rares, les arbres odoriférants, collaborent à une fin commune, en composant un matériel poème à la double gloire de la mort et de la vie.

STAMBOUL

Ce n'est qu'en vivant dans Stamboul, en flânant sur ses places devant une mosquée, en s'abandonnant au hasard de ses petites rues capricieuses et muettes, où n'apparaissent de loin en loin que l'ombre d'un grand eunuque et la silhouette courbée d'un saint derviche distributeur d'eau « pour l'âme des morts », ou encore en s'asseyant sur la pierre d'un de ses cimetières, que son charme, d'abord dérobé, se laisse pénétrer, vient à vous, vous enveloppe bientôt irrésistiblement, au point de vous faire appréhender d'y échapper jamais. La lumière pourtant, en ce nuageux printemps, n'y fut pas incomparable.

Une fois seulement, l'intérieur de Sainte-Sophie apparut baigné d'un vert crépuscule, comme un splendide aquarium que des néréides et des tritons industrieux auraient décoré avec des stalactites, des alvéoles de grottes, des écailles précieuses, des nacres, des lichens d'or, tout un trésor sous-marin arraché aux mornes roches et aux grandes houles.

Mais, en dehors de la mosquée, s'exerçait le prestige de l'heure.

La ville était comme incrustée dans une mosaïque tant les clartés et les ombres s'étendaient égales et dures. Aux jardins du « Vieux Sérail » seulement, tremblait un peu de lumière diffuse, et les marbres polis des escaliers et des terrasses glissant à la mer resplendissaient doucement. Mais rien ne valait, pris dans l'ogive d'une porte ou à l'angle de la toiture mouvementée d'une fontaine, la transparence d'un fragment de ciel que les yeux cherchaient vainement ensuite, au fond de cette Corne d'Or, morte comme un miroir dépoli.

Stamboul, ô toi, dont la face brumeuse reste souvent voilée comme celle de tes femmes, pourquoi les eaux de ta Corne d'Or ne se teignent-elles jamais ? Au plus beau de tes étés, elles s'étalent luisantes et froides, alors que ton atmosphère est comme l'âme d'une vierge amoureuse, et que tes mosquées brûlent en leur blancheur, et qu'une paix ardente descend en tes rues étroites, où il fait bon sentir, derrière les fenêtres grillagées, la volupté des longues siestes, la pureté du silence fêlé par un bourdonnement, la fraîcheur d'une éclaboussure d'eau sur un dallage ! Sans doute, le Bosphore est-il alors splendide, traversé par des troupeaux de dauphins. L'écume leur fait des traînes d'apparat, ondulantes, éployées, dans les franges desquelles, jusqu'aux rives, tournoient les petites barques. Et l'on rêve, lorsqu'on a dépassé le détroit resserré de Scutari, à Héro et à Léandre, dont la légende immortalise ici le souvenir.

Tendre histoire qui semble palpiter encore dans la brise soudain amollie, et dans les roucoulements des pigeons aux gorges empourprées par le rose crépuscule qui, d'un cyprès à l'autre, volètent en s'appelant. Vainement, de l'autre côté de la Mer Noire, les rudes forteresses de Mahomet II voudraient-elles en dissiper la grâce persistante et comme magnétique. La mythologie a consacré ce coin de terre, et si l'on en goûtait les fruits, si l'on en respirait les fleurs, la saveur et le parfum en seraient sans doute plus exquis et plus vifs.

Ce n'est que dans la mosquée de Soliman ou dans ses jardins poudreux emplis de vieux cyprès, de stèles et de turbes qui ont pris la teinte attristée de la cendre, que l'on peut s'exalter encore à des sources de vertige et de poésie comparables.

Sulémanyé, belle entre toutes, on voudrait t'adresser des litanies :

Sulémanyé aux rares verrières, fleurs de pierreries épanouies dans l'ombre gothique !

TURQUIE

Sulémanyé aux larges voûtes résonnantes, aux tapis diaprés comme les champs au printemps, qui feutrent le pas du fidèle !

Sulémanyé à la belle terrasse et aux portes en ogives, dentelées et si hautes, qu'elles semblent attendre l'arrivée aérienne du cheval ailé du Prophète !

Sulémanyé, dont les colonnes sont fortes et gracieuses comme des jambes de danseuses, et dont les coupoles empruntent à la forme du ciel leur majestueuse harmonie !

Sulémanyé, tes fontaines peintes et dorées, ta séduction de courtisane ; Sulémanyé, tes cimetières où des petites filles aux robes de papillon, rient et voltigent comme si elles étaient l'âme colorée de tes morts, ou plutôt les lucioles chimiques, les pollens flottants de leur décomposition, cependant que les façades de tes « turbes » gardent au secret de leurs faïences, une illusion de fraîcheur et d'immobilité.

Yvonne VERNON.

Juin 1907, Constantinople.

JAPON

L'ARRIVÉE A TSURUGA

IL fait beau.

Le bateau s'avance, tanguant mollement, dans une eau dont les gouttes giclent comme des pierreries.

Tout au fond de l'horizon, des brumes légères dévoilent, en se dissipant, des formes de collines, puis des sinuosités, des baies, des promontoires, le littoral enfin, avec ses grèves pâles et ses cryptomérias penchés.

Je suis troublée ineffablement. C'est le Japon, le Japon tant rêvé, dont la grâce précieuse m'est apparue pour la première fois, sur une boîte de laque, quand j'étais enfant, une boîte de laque dans l'or de laquelle les feuilles d'un arbre inconnu mouraient, enchâssées, atteintes irrémédiablement par l'automne, avec des moisissures, des recroquevillements, des petits trous : piqûres d'insectes. toute une agonie végétale si fidèlement, si dramatiquement reproduite !

Je vais enfin connaître les graves bouquets liturgiques, les « geishas »
aux belles ceintures, les papillons éclatants, les fleurs sans pareilles, les
sons du gong et du « shamisen », les nuits passées dans un jardin minuscule,
où l'on écoute, d'un pavillon, chanter les sauterelles, cependant que la
lune monte, et aux branches du pin noir se suspend, balafrée par une
aiguille...

Je me souviens également d'une commode Louis XV, dont les flancs
bombés et polis m'avaient révélé d'étranges paysages : des sortes de
villages lacustres, aux toits en chaume, sur pilotis ; des sampans ; des
pêcheurs au « kimono » retroussé, traînant de longs filets dans les étangs
pleins de roseaux, vers lesquels s'élance un gros crapaud, comme sculpté
en relief dans le vernis.

Je guette anxieusement sur ces rives maintenant proches, la réalité
de mes souvenirs. Si les sampans, aux légères toitures voûtées, m'apparaissent assez semblables à ceux de la commode, je m'étonne que le
détail du gros crapaud ait assez d'importance pour que son absence
me soit sensible. Pourtant, d'autres images doivent bientôt me surprendre
et me ravir.

Au flanc des collines, partout, disséminées dans la verdure, le long
des anses, sur les plages ensoleillées, surgissent de petites maisons, de
ces délicieuses petites maisons japonaises, sans étages, tout en bois
comme des cages à mouches, avec des murailles mobiles aux carreaux
de papier glissant sur des rainures et découvrant ainsi, pendant le jour,
l'intérieur du logis avec ses nattes claires, son alcôve où est accrochée
un « kakémono » devant un vase de fleurs, une petite table de
laque basse, autour de laquelle sont rassemblées quelques personnes
accroupies.

Mais ce n'est qu'après avoir débarqué, après avoir suivi une de ces
rues si nettes, si amusantes — véritables rues de jardinets de poupée —

entre des murailles où glisse, parfois, la liane mauve d'une glycine, ce n'est surtout qu'après avoir coudoyé cette foule en robe qui marche, penchée sur des socques sonores, et respiré une indéfinissable odeur de résine, de thé vert et d'épices, que l'on se sent réellement « ailleurs ».

Tout surprend, arrête, accroche le regard. Les enseignes aux beaux caractères chinois, toutes dorées ; les étalages ingénieux et tentants ; les fruits arrangés avec ordre et selon leurs couleurs sur des feuilles fraîches ou des corbeilles d'osier ; les attelages de bœufs, les paysannes coiffées d'un clair foulard, vêtues d'un pantalon et d'une blouse aux longues manches ; les paysans surtout, avec leurs immenses chapeaux de paille qui font penser à des Hokusaï, à des rizières ensoleillées, au Fujii-Yama, à des pèlerinages le long de sentiers en lacets, vers quelque temple bouddhique dont on aperçoit la pagode, à un détour...

Puis ce sont les enfants, charmants et drôles comme de petits magots turbulents, enveloppés d'étoffes vives. Ils ont un visage rond et jaune, des cheveux raides, serrés en bouquet sur le sommet de la tête, le front soigneusement rasé. Ils vont, viennent, se traînent, grimpent, forment des groupes impayables avec des mouvements félins et gauches de jeunes chats, leurs yeux étroits qui ne connaissent pas les larmes, étrangement retroussés. Car, si les enfants japonais sont très gâtés, l'éducation, en revanche, les endurcit. Pleurer est malséant. Dans ce pays où tout est conforme au cérémonial, à la politesse, même un enfant n'a pas le droit de s'abandonner à une faiblesse qui risque d'importuner son prochain. Je vis un jour une petite fille de sept ans, qui s'étant cruellement pincé les doigts, mordit de souffrance le manche de son « kimono » ,plutôt que de crier. C'est spartiate ; or, dans ce pays héroïque et harmonieux, il n'y a pas que les usages qui évoquent la Grèce !

Le premier « ricshaw » : ce que nous appelons le « pousse-pousse », charmante voiture légère, qui nous emporte sur ses deux roues caoutchoutées, au long des routes lisses, traînée par un « jin » dont le chapeau champignon projette une ombre cocasse et sautillante.

Ils sont étonnamment robustes ces « jins ». Le mien, dont le nom, « Siso », est imprimé au revers de sa blouse bleue, rit tout le temps. Il a de belles jambes nerveuses, un buste grêle, un sympathique visage au nez aplati, et aux pommettes si saillantes qu'il semble que la peau tendue de ses joues doit finir par s'y user ! Facétieux, il interpelle en passant ses camarades, et s'amuse à les dépasser, détendant ses belles jambes dans un vertige de vitesse qui fait tourbillonner la poussière et nous aveugle.

Son métier est très prisé. S'il expose à devenir cardiaque, il assure en revanche l'indépendance, et pour un Japonais, peu soucieux de la mort, cet avantage est essentiel. Donc, mon « jin » m'emmène à travers des petites rues charmantes, mais si pareilles que j'ai l'illusion de tourner dans un dédale.

Il me semble que l'air soit élastique, le sol sans résistance, l'aspect de la foule embué, fondu, presque irréel. En de rares minutes seulement, je distingue un détail typique, un visage curieux, une chose énigmatique ou belle.

Voici, par exemple, un bonze qui s'avance.

Sa tunique de gaze noire sur transparent blanc est couverte d'une sorte d'étole en brocart or et violet. C'est très heureux, ce mélange de gaze sombre et de brocart éclatant. D'une main petite au poignet fin, il tient une ombrelle ; de l'autre, il s'évente avec une régularité machinale, come s'il était remonté.

Plus loin, devant le fourneau d'un pâtissier qui retire de ses moules d'étranges pâtes roses au goût de fleurs, trois femmes sont en train de bavarder.

De dos, je n'aperçois que leurs silhouettes amusantes, le gros nœud de leurs ceintures qui semble les obliger à se pencher, leurs « kimonos » rayés dont les longues manches molles remuent doucement dans la brise d'été, les luisantes coques de leurs chignons noirs où brille une petite épingle de corail.

Les deux plus grandes sont jeunes.

L'une est maquillée ; petite face ronde dont les joues rebondies laissent à peine passer le reflet de mûre du regard, serré sous une paupière trop courte. Elle rit, montrant des dents démesurées dans une bouche si petite !

L'autre est beaucoup plus aristocratique d'aspect. Son mince visage pâle s'accorde au sombre éclat de ses cheveux, mais les coins de ses lèvres sont tirés, vieillis par un douloureux sourire.

Qui sait ? c'est peut-être une fille d'ancien samuraï ? Depuis la révolution de 1868, combien d'épaves sociales, après avoir flotté quelque temps encore, ont-elles coulé à fond ? On assure que la plupart des employés de poste sont des fils de « daïmio ». De là, peut-être, cette courtoisie élégante, cette serviabilité sans bassesse qui les caractérisent, lorsqu'on requiert leurs services.

Quant à la troisième femme du groupe, elle est petite, incroyablement petite et mince, mais avec une tête si forte qu'on dirait, à la voir, un bilboquet !

Cette disproportion est encore exagérée par la coiffure : extravagant échafaudage de trèfles, de coques, de bouffants, tout cela roide, enduit de cosmétique, comme taillé dans le bois.

Soudain, en se retournant vers moi, elle découvre une horrible chose : des dents laquées de noir. Et pour ajouter à mon étonnement, je m'aperçois qu'au-dessus de ses sourcils, impitoyablement rasés, deux coups de pinceau en ont reformé d'autres ! Jadis, les femmes de qualité devaient s'astreindre à cet usage. C'était bien porté, de même que les dents laquées — encore si à la mode parmi les paysannes — étaient considérées comme un artifice de coquetterie.

Il est bien joli, ce bruit de « gétas » (socques de bois) résonnant tout au long des rues, des routes japonaises. Par la suite, il me deviendra singulièrement cher, évocateur de nostalgies, surtout s'il est associé à celui du « gong » vibrant sans trêve dans les temples.

Nous suivons un sentier escarpé qui découvre, à chaque lacet, une vue d'ensemble plus étendue de la baie de Tsuruga, noyée dans du bleu.

Irrégulièrement, un grand cryptométria incline son ombrelle sur le chemin, le décorant ainsi d'une belle arabesque qui tourne dans le soleil.

Les insectes forment un assourdissant concert. Cymbales stridentes des sauterelles, chant mélancolique des grenouilles dont je voudrais voir le corps précieux pâmé dans la chaleur diurne, sur une feuille lisse de nénuphar.

L'endroit où me conduit mon « jin » est certainement un temple « shinto », car voici un rouge portique : le « torii », dont la pure rectitude coupe une perspective vaporeuse et ensoleillée qui glisse vers la mer.

Nous suivons d'abord une longue allée ombreuse, bordée de lanternes, de belles lanternes de pierres moussues, décrépites, puis, voici la première cour, un arbre sacré, un cheval de bronze, et au milieu, devant l'autel d'une nudité si saisissante, sans idoles, sans fleurs, sans lumière, seulement un grand brûle-parfums où achèvent de se consumer des baguettes d'encens.

Tout au fond du sanctuaire luit un miroir. Chaque fidèle vient se prosterner, fait entendre un sifflement en signe de déférence, puis après

avoir agité une corde qui ébranle à son sommet une drôle de petite
sonnerie, il claque des mains afin d'avertir la divinité de sa présence,
l'engager à écouter attentivement ses prières !

Autour de l'autel sont suspendus à des bambous, les « goheis »,
triangles de papier qui symbolisent les anciennes offrandes de vêtements,
et aussi les ex-voto révélant, selon que ce soient des fragments d'armes
ou des bris de miroir, le sexe des donateurs.

Quelle singulière religion que ce shintoïsme, une religion réduite
à sa suprême expression de simplicité : culte des héros et des ancêtres,
morale qui consiste à obéir au mikado et à suivre ses naturelles inclina-
tions, et qui exalte pourtant, sous cette pauvreté de dogmes et de principes, les plus hautes facultés humaines : l'oubli et le don de soi mis au
service de l'idéal supérieur de la patrie !

LA PLUIE A KIOTO

Il pleut à Kioto depuis hier, je suis enfermée dans ma maison saugrenue, fragile et charmante, mais j'ai fait pourtant tirer les cloisons de papier, pour regarder le petit jardin trempé et frissonnant dont les verts paraissent plus vifs sous ce fard humide.

Après s'être amassé hier soir, en gros nuages noirs et poudrés d'or au-dessus des collines d'Arashi-Yama, le mauvais temps s'est répandu ce matin à travers la ville sous forme d'un épais brouillard violet, d'un incroyable violet foncé, opaque, qui s'est éclairci peu à peu, est devenu cette rayure d'eau vive et serrée, que coupe parfois au passage, l'angle recourbé d'une pagode.

Il fait presque froid, et pourtant l'odeur de la terre est si bonne que je ne me décide pas à faire tirer les écrans.

Un proverbe célèbre au Japon prétend que l'on reconnaît la Patrie au parfum du prunier en fleurs ; moi, je reconnaîtrai le Japon à ses pluies qui ne sont pas comme ailleurs, qui sont gaies, aimables, pareilles à des effets de théâtres pour rendre encore plus attrayants les aspects, plus musical le silence !

Et puis, ce n'est que dans ces occasions, ou par les jours d'exceptionnel soleil, que la foule se sert de ces étonnants parapluies de papier, dont les taches vives promènent sous les cèdres des parcs, autour des temples, des illusions de chimériques printemps, de printemps aux longues fleurs sans tiges, molles et errantes, comme celles qui rôdent parfois dans les sentiers marins, à travers des récifs roses et des varechs.

Devant ma maison, il y a une allée, une allée qui monte, couverte de larges dalles dont les parties encore inattaquées par la mousse, luisent sous la pluie, un peu noires.

C'est par cette pierre sonore et indiscrète que je suis avertie de l'allée et venue de piétons silencieux dont, seules, les socques de bois racontent des histoires : histoires de pèlerinages — le temple de Chion-in est à deux pas d'ici — histoires d'amour, histoires de flâneries surtout, car la foule japonaise aime à flâner. Eprise de tout ce par quoi son pays est désirable, ingénieux et poétique, elle aime à l'apprécier lentement, à le visiter détail par détail, au cours de voyages à pied, dans des circonstances d'heure ou de saison qui lui seyent et le modifient comme une parure nouvelle.

En face d'où j'habite, il y a une maison de thé. Tout l'après-midi, et quelquefois tard dans la nuit, les sons grêles d'un « shamisen » scandés par l'accompagnement d'un tam-tam, s'en échappent.

Sans doute quelques « geishas » conviées à des parties de plaisir.

Sur le balcon, à travers les écrans tirés, j'aperçois, dans une enfilade de pièces régulières, l'éclat vif d'une belle ceinture, une coque de chignon traversée d'une écaille, une main pâle qui tend une tasse minuscule, la face légèrement enflammée d'un buveur de « saké », le trottinement de petites servantes accortes, aux joues rouges et pleines, aux gestes maniérés.

Au premier plan, il y a la branche d'un arbre inconnu, couverte de grappes roses, qui tremble... Et parfois, le soir, lorsque les lumières sont apportées, j'aperçois son ombre délicate qui, sur la cloison de papier, tremble encore...

Aujourd'hui, tous les pèlerins, tous les passants s'arrêtent dans la maison de thé.

L'humidité sans doute, le besoin de se réchauffer avec ce thé vert dont l'arôme insidieux et tenace pénètre tout le Japon.

J'écoute le déclic du bois d'un parapluie que l'on referme, le petit rire de bienvenue des servantes, le choc des « gétas » dont on se débarrasse avant d'entrer, qui tombent sur le sol.

Le jet d'eau, dans le jardin miniature, chantonne, sous la pluie, en sourdine. La feuille jaunie d'un nénuphar se laisse piqueter, amollir, inerte, sous les gouttes meurtrières, tandis qu'au contraire, le beau calice sensible du lotus palpite, se resserre doucement, n'offre bientôt plus à la pluie qu'un étroit passage, enfin, il se penche pour mourir.

Mais c'est là-haut, dans les bois de cèdres, sur les collines saintes, que la musique de la pluie doit être belle. Mêlée à la rumeur des cascades rapides, elle doit traîner sous les lourdes ombres, au milieu de l'argile croûlante des berges, sa plainte devenue un sanglot, à bondir et rebondir ainsi sur les cailloux cruels !

Je voudrais y aller.

Un portique shinto doit, en ce moment, couper la pénombre du bois pluvieux de son trait rouge, cependant qu'au détour du chemin, la maison de repos destinée aux pèlerins se rapetisse dans le brouillard, découvrant sur ses parois transparentes des silhouettes accroupies, ou simplement l'ombre falote d'une vieille femme fumant sa petite pipe auprès d'une théière. Plus loin, le grand pin décoratif qui se penche vers l'abîme, comme s'il voulait atteindre son ombre glissée et renversée sur la pente moussue, retient entre deux branches une vision incertaine de Kioto.

Kioto, pâlement illuminée sous ses voiles de brume, et qui s'imprécise, s'étend, se transforme, semble vouloir rompre son mol cercle de collines, aller s'épandre dans le ciel... ou bien, redevenue un échantillon de ville, précise, grâce à une éclaircie qui découvre et souligne trois maisons basses devant une rue bordée d'arbres en fleurs... sous un petit pont de bambou hardiment arqué, une jonque étroite et fine qui oscille...

LA PETITE SHIRABYOSCHI

Nous sortions d'une maison de thé. Il était tard. Une récente averse avait rendu le sol de la rue sombre et luisant, et l'on y cherchait vaguement le reflet embourbé d'une étoile comme dans un miroir de bronze une paille d'or.

Nous étions encore étourdis par une musique délicatement bizarre, qui avait accompagné les mimiques précieuses de « geishas » aux belles robes, et le « saké », brûlant, nous avait donné une légère ivresse, qui nous faisait découvrir aux choses familières un caractère inusité de poésie.

C'est ainsi que le bruit du feuillage qui s'égouttait dans le jardin, me semblait doué de qualités singulières. Plaintif, insistant, régulier, il se prolongeait en nous, réveillait des visions, des odeurs, des souvenirs de température, mille fragments d'un passé détruit qui se reconstituait avec autant de magique inconsistance que de précise volupté.

Puis, c'était aussi une lanterne, accrochée à une tige de bambou au-dessus d'un balcon, qui remuait, en se balançant, des ombres émouvantes.

Tantôt elle faisait vaciller sur la chaussée la silhouette d'un passant, tantôt elle embrasait d'une froide lumière rouge, comme celle d'un feu de Bengale, l'intérieur d'une maison voisine aux écrans largement tirés ;

tantôt elle découvrait avec netteté un détail décoratif : cette poutre par exemple, brûlée à point ou joliment vermoulue, que les Japonais introduisent dans une charpente neuve, comme un élément de beauté et de prix ; ou bien encore, cette branche de pin pendue au-dessus du seuil en signe de bienvenue.

Les « geishas » nous avaient accompagnés, avec beaucoup de révérences, jusqu'au rez-de-chaussée, et nous nous apprêtions à remettre nos chaussures pour partir, quand un couple, précédé d'une extraordinaire petite fille aux cheveux plaqués, luisants et noirs, comme casquée de bronze, nous arrêta.

L'homme était aveugle ; il tirait d'une flûte qu'il venait de porter à ses lèvres des sons grêles et tristes. La femme pinçait les cordes d'un « shamisen » ; la petite fille se mit à danser.

Elle maniait avec une dextérité et une vigueur surprenantes, un sabre, un vrai sabre lourd et tranchant, et c'étaient des moulinets, des assauts, des feintes, des reprises, tout cela rythmé par des pas, des mouvements de corps gracieux et vifs, une frénésie belliqueuse de juvénile combattant alliée à une aisance et à une autorité de grande artiste ! L'étonnante petite fille ! Avec quelle fière impatience heurtait-elle la dalle de son pied cambré ! Comme d'un geste violent, elle élevait son sabre au-dessus de la tête, et après l'avoir fait tournoyer, poursuivait-elle un ennemi imaginaire dont l'ombre passait dans son regard noir, en déplaçait imperceptiblement la ligne tranquille !

Nous avions vu souvent dans les rues populeuses de Kioto, dans ces théâtres qui rappellent par l'usage immodéré du tambour et des cymbales les baraques foraines, de pareilles danses du sabre. Léguées par une vieille tradition héroïque, analogue sans doute à la pyrrhique spartiate, des Japonais nous avaient initiés à sa farouche beauté, à ses caractères de sauvagerie et de grâce, de force et de souplesse ; mais, jamais encore, elle ne nous avait été révélée de la sorte !

Or, pendant ce temps, les « geishas » aux belles robes, s'étaient accroupies sur le seuil de la porte ouverte. L'ombre imprécisait leurs silhouettes, mais la lune ayant glissé derrière un nuage, découpa en relief noir dans une lueur verdâtre, les coques de leurs chignons, les nœuds de leurs ceintures...

Inoubliable japonaiserie, à laquelle la réflexion d'un ami ajouta une singulière intensité, celui-ci m'ayant suggéré que la petite danseuse était peut-être la réincarnation d'une ancienne « shirabyoshi »... Les shirabyoshis, ces troubadours, femmes de la féodalité japonaise, qui sauvegardèrent l'idiome national en ajoutant à la poésie épique de leur pays des strophes parfois immortelles, cependant que de château en château, elles allaient célébrer les exploits de « Naozane », le jeune héros aux masques terribles, ou de l'impératrice « jingo » qui conquit la Corée, et portait des robes si délicates qu'on les disait tissées avec des brises de l'été et les brumes de la mer !

CLAIR DE LUNE A KYOMIZU-DERA

Il fait clair de lune. Aussi, toute la foule de Kioto s'est-elle répandue à travers les parcs, autour des temples, pour saisir au miroir d'un étang, l'instant fugitif et délicat où l'astre, émergeant de la nuit verdâtre, semble un lotus renversé qui se noie.

Ce ne sont qu'ombres plaisantes et jolies sur les degrés des grands escaliers pâles qui montent droit sous des portiques rouges !

Embrasés par le reflet des lanternes, les sous-bois sont remplis de rires, de bruissements soyeux, de heurts de fine porcelaine, de syllabes rauques que semblent prononcer avec effort « la mousmé », dont le geste vif écarte justement un rameau clair.

Une odeur résineuse se balance dans la brise.

Elancés et courbés en berceaux, les arbres dépassent parfois le dragon cornu d'une pagode, ou bien ils jettent leurs feuillages dans le ciel étoilé, comme un rets !

Dressé sur des pilotis, au-dessus d'un fertile abîme, le temple de Kyomizu vibre d'un bruit de pas, incessant et sourd.

C'est que toute la population dévote de Kioto y est montée, ce soir, pour célébrer la fête de l'Automne ; et cependant que le bonze accroupi frappe d'un mouvement rythmique le gong en forme de crabe monstrueux, les spirales nuageuses des baguettes d'encens ternissent l'auréole des Bouddhas qui veillent, majestueux et placides.

Qu'ils sont beaux les arrière-fonds de ces chapelles, à la fois vermoulus, fumeux et dorés !

Ces visages de statues à l'irritant sourire, sur lesquelles se découpe, dure et immobile, l'ombre d'un brûle-parfums et d'un bouquet !

Et la lumière, dispensée par d'antiques lanternes, comme elle est riche, huileuse, amortie par des papiers gaufrés et macérés que mord une arête de bronze ou de pierre ! Sur d'incertains lambris, elle ranime un faste mystérieux, fait luire aux trames usées d'un vieux brocart une paillette, patine les crânes tonsurés des prêtres, enveloppe leurs gestes hiératiques, attentifs à dénouer les cordons de soie d'un rouleau au papier précieux, d'une chaude atmosphère qui sort à lourds effluves moirés dans la campagne, où la lune glaciale et électrique fait passer la magie d'un faux printemps...

Mais, peut-être, rien n'est plus impressionnant que le mutisme de cette foule dont on écoute, d'un sentier caché sous les pilotis du temple, le bruit pressé et mat des pieds sans chaussures.

Frôlements, chuchotements, crépitations d'un éventail, un chant de grenouille échappé d'un étang voisin... Plus loin, une cascade dont la rumeur emplit tout l'espace recourbé par les molles collines de Kioto, comme l'air dans une conque marine !

C'est dans cette cascade bouillonnante, sous les ombres mobiles des cryptomérias, que se baignent les fidèles par les soirs d'été. Consacrée par des emblèmes shintoïstes, réputée miraculeuse, elle découvre trois larges dalles sur lesquelles se dressent, pendant quelques minutes, de grêles anatomies jaunes : parfois, un corps de femme au buste long, aux jambes un peu cagneuses, que surmontent les coques d'un chignon noir.

Et aux parois de la grotte qu'elle clôt d'un mouvant rideau d'écume, est suspendue la tige rituelle de bambou avec ses triangles de papier.

Soudain prélude une flûte... une flûte triste, dont le son intermittent semble monter du fond de la vallée, et qui parle, semble-t-il, de la volupté perfide de ce faux printemps lunaire, de la tiédeur insolite de la nuit, de cet automne qui emprunte des airs riants et tendres pour cacher son visage menaçant et la dent rouge de sa rosée qui, demain matin, aura troué tous ces beaux feuillages, et arraché à la tige glorieuse du lotus, les délicats pétales qui iront rider la surface de l'étang. Elle dit encore, remplie d'une philosophie très japonaise, que la nature ne s'est faite si séduisante, cette nuit, que parce qu'elle sait la saison implacable, et qu'il est juste que les choses doivent leur exceptionnelle beauté à la fatalité d'être éphémères !

SCÈNE D'INTÉRIEUR

Malgré l'averse de l'après-midi, la soirée s'annonce tiède.

Kaoru, qui est accroupie, secoue sur le rebord du plateau de laque, après avoir aspiré deux bouffées, les cendres de sa petite pipe ; puis, se penchant vers la natte claire, elle ramasse un miroir et s'y contemple.

Le visage de Kaoru est bien fardé, le kohl a imprimé à ses cils cette courbure roide qui lui plaît, sa bouche minuscule est d'un rouge de fruit, mais dans son luisant chignon, une épingle de corail a glissé.

Relevant gracieusement le bras, les doigts arrondis, Kaoru cherche à réparer ce léger dommage, cependant qu'on pourrait supposer, à ne voir que ses petits pieds rapprochés, immobiles sous leurs chaussettes blanches, qu'elle est en train de prier.

La rue est déserte. Seul, un passant, de temps en temps, trahit sa venue par ses socques de bois, sonores sur les dalles.

Du petit jardin attenant à la maison de Kaoru, provient un bruit d'eau et de feuillage. Puis, ce sont les échos d'une conversation tenue par O'Gin, la vieille fruitière, devant son éclatant étalage de kakis.

L'ombre se rétrécit sur les nattes.

Soudain, une suprême recrudescence de soleil envahit la pièce, et contre le miroir de Kaoru brise un rayon qui lui blesse les yeux.

D'un geste vif, comme si elle chassait un insecte, la jeune fille veut écarter le soleil.

Jeu plaisant dont la glace lui renvoie l'image, ainsi que celle du petit jardin aperçu tout au fond, et qui semble s'être rétréci pour entrer dans ce cadre étroit.

Qu'il est délicieux ce vieux jardin bossué et verdi par l'âge et les pluies !

Kaoru distingue nettement dans le miroir, ses arbres nains, ses minuscules ponts laqués, ses ruisselets qu'obstrue une belle pierre plate trop grande, ses rocailles rongées par les mousses et qui forment de merveilleux labyrinthes d'où s'échappe, parfois, le cri nostalgique d'un crapaud.

Des sentiers à peine plus larges que le pied y serpentent, à travers des paysages mouvementés : vallées minuscules, montagnes artificielles surmontées d'un kiosque ou d'un vase de grès, monceaux de sable blanc qui donnent l'impression du mirage, plate-forme où l'on s'accroupit pour attendre le lever de la lune, guetter l'instant où, dans le petit lac aux nénuphars bruissants, elle immergera sa précieuse pâleur.

Mais, hélas ! le miroir est décidément si étroit, qu'à peine Kaoru peut-elle discerner un fragment du noble groupe de bambous, dont les troncs lisses et bleuâtres semblent soutenir, comme une maîtresse poutre, toute la structure du délicieux jardin ! Et le cryptoméria dont l'ombrelle semble fléchir sous le poids et l'éclat de l'azur estival, où est-il ? Noyé, perdu dans l'eau ternie du miroir infidèle ?

Kaoru lève les yeux et l'aperçoit au delà du balcon, vivant, sombre, magnifique, couvert d'une verte écume de mousses et de lichens gris, déployant son panache sous un nuage d'or, qui semble posé sur lui comme un scarabée monstrueux !

L'air est sans rides. Une eau qui coule, on ne sait où, brise régulièrement ses minces filets de cristal.

Dans la chambre, le soleil en se retirant a fait place à une atmosphère brouillée, à travers laquelle la pourpre d'un bouquet de sauge apparaît rose, à peine rose, d'un rose émouvant de sang séché, qui aurait taché là, le panneau clair !

La petite ombre de Kaoru est si légère qu'elle estompe à peine les nattes.

Pas plus grande qu'un paravent — que le beau paravent doré où des artistes de Tosa ont peint de petits personnages aux vêtements fleuris et aux masques féroces, et qui est la gloire de son humble logis — Kaoru s'empresse aux soins du ménage.

Voici la nouvelle lune.

Elle vient de l'apercevoir, au-dessus de la haie fine et claire dans le crépuscule.

La lune de septembre ! Généralement, on accroche pour la célébrer des paysages de pluie ; oh ! d'une pluie bien légère qui fait sourdre l'odeur délicieuse du sol, évoque des bruits délicats de rameau qui s'égoutte ; ou bien encore, tout le ciel réfléchi dans un étang, avec au fond, le grand cercle pâle de l'astre, et la sveltesse d'un ajonc ployé sous une libellule.

Comme bouquet, Kaoru songe qu'elle réunira quelques lotus, de ces très saints lotus sur lesquels Bouddha est assis, hiératique, dans le temple.

Mais ce bouquet l'obligera-t-elle à exercer sa jeune science. Il faudra lui donner les dimensions rituelles, le tour conventionnel du style classique. Toute petite, elle apprit, à l'école des « geishas », les secrets de cet art ancestral et charmant. Chaque semaine, une maîtresse, munie de grands ciseaux, venait leur inculquer les principes mystérieux selon lesquels un groupement de feuillages, une gerbe de fleurs, symbolisent un état d'âme, célèbrent un anniversaire, une fête, le retour des saisons.

Aujourd'hui, comme Kaoru a décidé de sortir le kakémono où « Yoshitsune » provoque en combat singulier, sur un pont de Kioto, son futur favori, le fidèle « Benkei », le bouquet doit glorifier l'alliance du courage au dévouement.

Comme elle dénoue, avec des doigts tremblants, le cordon vert céladon du vieux kakémono roulé !

Le brocart qui encadre la peinture, découpé en fines bandes, a des tons vifs et délicats. Mais surtout, c'est l'invention poétique du brodeur qui enchante Kaoru.

— Comment, se dit-elle, cet artisan fut-il assez subtil pour faire passer dans cette trame d'or, ces soies dégradées, qui m'évoquent le brouillard rose flottant autour des cerisiers à Yoshino, quand ils sont en fleurs ? ...

Et elle songe à composer un « uta ».

Yvonne VERNON.

CHINE

PEINTURE DE L'ÉPOQUE YOUEN, XIVᵉ SIÈCLE (Collection de l'Auteur)

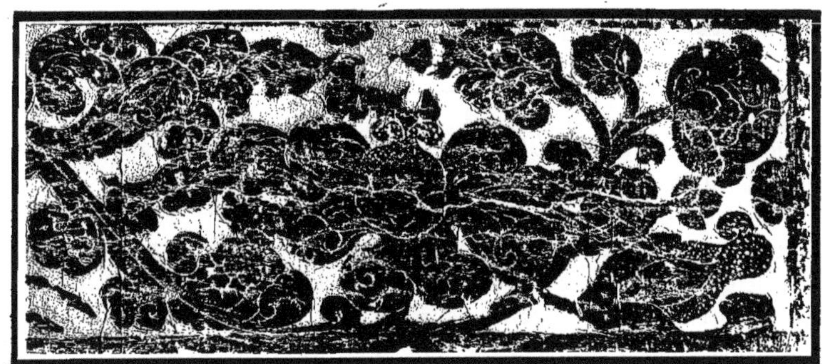

EN CHINE

 ERS huit heures du matin, le Commandant nous
annonça la Chine.

Une bande de terre plate, jaune, morne,
éclairée par un soleil sinistre dont le cœur sanglant
semble déjà pris par les glaces de l'hiver.

Il fait froid. Les mouettes rasent la crête des vagues en poussant
un cri triste.

Peu à peu s'effacent, dans notre mémoire, les souvenirs de l'azur
vaporeux, étincelant, qui sertissait les vertes îles japonaises ; leurs
grèves nuancées ; Nagasaki étagée en amphithéâtre sur ses collines,
parmi les bouquets d'érables et de bois de citronniers ; ses temples
dressés au sommet d'escaliers monumentaux sous d'éclatants portiques ;
son labyrinthe de petites rues montueuses, où marche, sous de molles

banderolles balancées par la brise marine, une population gracieuse et laide, sautillant sur de hauts socques de bois.

Or, voici qu'au-dessus des eaux jaunâtres et agitées, se distinguent d'autres morceaux de continent : un promontoire déchirant une brume grise, le contour d'une baie soudain renfoncée dans l'inconnu ; puis, des îles aux grandes échines calcaires, qu'on devine désertes, inhabitables, stratifiées comme les squelettes d'animaux de la préhistoire !

Il en est une pourtant, qu'on dirait en dure stéatite noire, et qui prend ainsi, au milieu de cet archipel de mamelons mous, sablonneux, écroulés, une valeur singulière. Et ce qui ajoute encore au lustre de sa brillante substance, c'est une ceinture d'herbes, d'un vert inattendu, délicieux dans cet âpre paysage, au milieu de l'Océan.

Elles font penser à Sakhaline, ces îles de la mer Jaune, tourmentées par les typhons.

On les imagine cachant des bagnes derrière leurs hautes murailles rocheuses, dans des vallées terribles, brûlées par le soleil estival, rongées par les implacables glaces, coupées, mordues par les lanières sifflantes de tous les vents qui s'y donnent rendez-vous pour s'y livrer bataille !

Enfin, nous approchons, nous débarquons : Tche-Fou !

Au bord d'une plage couverte de détritus, des maisons ? Non, des masures en boue durcie, des hangars dont les toits semblent faits de bois pourri, un vague canal où sont amarrés des sampans, et où grouille une incroyable agglomération de populace aux robes bleues, aux nattes noires.

Par là-dessus, une pluie fine qui brouille les lointains.

Deux chiens déchirent, à âpres dents, un quartier de porc roulé dans une mare.

Des marchands, en plein vent, offrent de l'innommable nourriture fumante, dans des bols de claire porcelaine, et des Chinois, avec de longues baguettes, y plongent gloutonnement, au hasard. D'autres dorment, leur robe trouée laissant voir des ulcères.

Plus loin, c'est une dispute : faces lubriques et féroces articulant des jurons rauques ; des poings se dressent, menaçants... un corps tombe.

Des enfants ont éventré un sac de riz. Ils glapissent de joie. C'est au seuil d'une auberge, d'une auberge de marchands, car voici leurs ballots et leurs montures : chameaux et mulets, entassés pêle-mêle dans la cour intérieure. Une enseigne de soie aux beaux caractères dorés, flotte au-dessus du porche. Nous nous y arrêtons pour boire, debout, — car comment s'étendre sur ces nattes aux empreintes grasses — du thé délicieux, plein de feuilles inconnues, au capiteux arôme.

Puis, nous reprenons courageusement la grande rue traversée d'un ruisseau fétide. La circulation est difficile, obstruée par des flots de piétons que rejettent sans cesse des portes basses à l'aspect louche, des ruelles empuanties dont on discerne à peine la perspective, tant elle est remplie d'étalages débordants, tant elle dévie, suivant les courbes de grises murailles inquiétantes qui semblent ne jamais finir, clore des terrains vagues, mystérieux.

On ne croise que des hommes. Saisissants visages aux déformations simiesques, aux expressions de vice, répugnantes. Parfois, un simple geste, une main aux longs ongles noirs, crochus, s'élevant jusqu'à la tempe, les complète hideusement.

Faces joviales à grosses lippes des négociants : face émaciée au nez transparent, aux yeux troubles, aux dents déchaussées d'un fumeur d'opium ; courtes faces de paysans mongols, supportées par des corps trapus où passe par instant un rire sauvage, frénétique ; faces de cauchemar, faces obsédantes dont on se souviendra toujours, avec leur front rasé, repoussant à l'arrière du crâne des cheveux huileux, serrés en tresse noire.

De temps à autre, une femme passe, furtivement, sautillant sur ses moignons de pieds, pointus comme les griffes d'un volatile. Une fleur rouge, splendide, orne de côté son chignon serré et bas. Ses joues sont terriblement fardées, des bijoux délicats et éclatants, bleus et rouges, tremblent à ses oreilles, à ses poignets, à son cou, de toute la fragilité de leurs fleurs de métal en relief.

Ce sont des femmes du peuple, elles rient impudemment avec les hommes, se laissent frôler, bousculer, puis, tout à coup, prises d'effroi, se mettent à courir si gauchement, sur leurs moignons à chaussettes blanches ! Et toujours du fumier épars, de grandes places couvertes de gravats ; plus loin, la campagne, putride encore, avec ses morts mal enterrés, crevant la terre légère de leurs ossements qui luisent blanchâtres sous le ciel bas.

Brouhaha ! Le cortège d'un mandarin : pauvres serviteurs à cheval, racolés dans des bouges sans nom, dessinant leurs maigres omoplates sous des livrées trop larges, cependant qu'ils matent avec peine, des poulains rétifs à longs poils jaunes, ébouriffés comme des chrysanthèmes monstrueux ! Et l'Excellence, dans une guimbarde aux roues de bois, dissimule à demi, derrière un store sale, son gras ou maigre profil, sa poitrine où sont brodés, sur un carré de soie, les insignes de sa dignité, son chapeau rond au pompon rouge, décoré du bouton sacramentel.

Cérémonial et misère !   Anarchie et tradition !

Nous quittons avec joie Tche-Fou, la nauséabonde, pour la concession européenne aux rues calmes, ombragées de jardins, vaguement provinciales, et nous reprenons la mer vers six heures, sous un ciel qui roule de gros nuages soufrés, au-dessus de dunes pâlissant là-bas, dans le crépuscule, et auxquelles la marée montante semble avoir fait tout à l'heure une déchirure : croc de la tempête dans des falaises éboulées !

. . . .

Nous sommes en rade de Takou. A l'entrée, luisent les môles, puis, la silhouette déchiquetée d'une forteresse qui va tournant et se perdant dans le lointain.

Il nous faut au moins deux heures de steamlaunch pour joindre le rivage.

Dans le grand soleil poudroyant d'aujourd'hui, les valeurs des distances semblent déplacées : la terre recule à mesure que nous avançons ; parfois, une seule vague, couverte d'écume, enfle si fort, qu'elle intercepte le vue ; il semble que nous soyons encore au large.

Enfin, le littoral se dessine un peu mieux. Qu'elle est donc toujours morne et plate et d'aspect mélancolique, cette Chine ! On dirait la lisière d'un continent défoncé, s'abaissant graduellement sous la poussée victorieuse des eaux, à une époque de décadence planétaire.

Quelques échassiers taciturnes, roides sur une seule patte, émergent d'une roche à fleur d'eau. Le ciel est d'un azur froid et brillant. Sournoisement, passent des bises qui nous gèlent les os.

Enfin, nous voici engagés dans la rivière. Deux semaines encore, et l'on n'y pourra pénétrer qu'avec un brise-glace.

Des villages, toujours des huttes en boue séchée et durcie comme à Tche-Fou, une populace à demi-nue sous des haillons bleus, des enfants se vautrant avec les cochons, dans les mares. De loin en loin, un arbre noir, dépouillé, ressemble à un gibet.

Le vent siffle et fait sursauter des sampans aux voûtes de paille ; nous croisons des cargos anglais qui remontent le fleuve, lourdement chargés ; parfois, une baleinière officielle, — une escadre est mouillée au large. — De longs panaches de fumée souillent à la fois le ciel et l'eau pleine de mouvants reflets ; de temps en temps, une femme aux petits pieds descend péniblement la berge et vient jeter des épluchures ; des charognes heurtent les coques des bateaux amarrés, avec un bruit mou ;

des sentinelles aux uniformes européens se promènent sur les bastions, et leurs silhouettes martiales, hérissées d'une baïonnette, apparaissent menaçantes. A la gare de Ta-Kou des usuriers chinois, avec une bonne grâce cauteleuse, nous proposent le change de monnaie.

Puis, c'est la sinistre campagne chinoise, sèche et poudreuse nécropole couverte d'une végétation perfide qui cache des marais.

Tout au fond, un divin coucher de soleil, rose, incroyablement rose vif, à la façon des gorges plumeuses de certains oiseaux de mer...

Les ajoncs, droits ou penchés, à travers lesquels luit d'un éclat vitreux une eau saumâtre, gagnent à s'y profiler une beauté décorative.

La nuit tombe, de larges étoiles commencent à éclore, palpitent doucement ; on dirait la respiration d'un être invisible. Des corbeaux mêlent à celles des grenouilles leurs doléances nocturnes qui font un peu peur, vous rappellent tout à coup qu'on est loin, à l'autre bout du monde, et que la cloison de l'espace et du temps est si épaisse, que pas même le cri tout-puissant d'une âme éperdue, ne pourrait la traverser et vous atteindre !

TIEN-TSIN

La concession européenne : le long d'avenues plantées d'arbres neufs, la promenade du soir. Des bicyclettes, des victorias, des officiers anglais à cheval, une maid, de blanc vêtue, poussant devant elle une voiturette d'enfant ; de jeunes femmes roides qui lorgnent de côté, avec des airs dédaigneux, leurs chapeaux de l'année dernière que le transbordement des malles affaissa !

Ce matin, nous allons dans la ville chinoise : la « ville de la pureté céleste ».

Quelle foule, que de boutiques, que de bruits ! Pourtant, les voies sont larges. La circulation s'y crée des courants que sillonnent, de leurs silhouettes hautes, des caravanes de chameaux. Beaucoup de femmes, aux joues rouges de vermillon et blanches de céruse, accroupies sur le devant de charrettes peinturlurées, traînées par une mule qui trottine. Une, entre autres, ramassée au fond, sous une espèce de baldaquin qui la dérobe, est couverte de bijoux et d'une robe à la belle soie mauve, fleurie de broderies. C'est une « Dame », et c'est sa femme de chambre assise sur le timon, qui, de temps en temps, d'un coup brusque de son petit pied pointu, houspille la mule.

De vieux Chinois se promènent, un oiseau apprivoisé sautillant sur leur épaule. Dans l'air est suspendu un perpétuel bruit argentin, une sorte de doux sifflement qui tournoie. On nous explique : ce sont des pigeons à la queue desquels les Chinois attachent un sifflet d'argent.

Peuple enfantin et charmant sous son aspect farouche ! De même leur goût pour les fleurs. On en surprend dans un intérieur, éclairant, de leur doux éclat, l'ombre d'une arrière-chambre. Elles ornent les luisants chignons de leurs femmes, s'immobilisent, seulement soumises aux lois de l'usure, dans les broderies de leurs larges manches, sur leurs jupes précieuses. Dans leurs peintures, elles sont traitées avec plus de soin qu'un délicat visage, et certaines, nées sous un pinceau habile à l'époque des Sung, ont gardé une miraculeuse fraîcheur. J'aime cette légende d'un vieux sage si épris de son jardin qu'il devint un génie. J'aime leurs épithètes conventionnelles : « La tige luisante du prunier ; l'immortelle des eaux au corps de jade ; l'hibiscus à la grâce sévère comme les bords neigeux du Yang-Tsé-Kiang ; le pommier dont la fleur a la blancheur de la lune ; le pêcher dont les pétales rouges paraissent le sang de l'amour ; l'azalée pareille à des écharpes aux nuances vaporeuses. »

Nous nous arrêtons chez un marchand de poupées.

Il nous reçoit très bien ce vieux à lunettes, bedonnant et flegmatique, il ordonne à son boy d'aller chercher du thé, des pâtisseries, puis il nous fait asseoir dans son arrière-boutique, sur de lourds fauteuils d'ébène incrustés de nacre, en face de placards aux délicieux panneaux peints dans le goût Louis XV, pour le moment mystérieusement fermés.

Ce n'est qu'après beaucoup de pourparlers qu'il consent à nous ouvrir son meuble, le vieux roublard, et soudain, nous sommes séduits par tout un peuple charmant d'étagère : des poupées de toutes tailles, de tous genres, immobilisant leur grâce mièvre avec de roides petits gestes, des sourires fixes, des yeux tirés et drôles qui ont l'air de se moquer.

J'hésite, pour faire mon choix, entre une jeune femme coiffée comme sur les anciennes estampes, avec beaucoup de longues épingles, des coques et des trèfles de cheveux, tout un échafaudage compliqué, et qui respire une pivoine d'une narine voluptueuse, et une autre, plus petite, aux bandeaux plats, au front découvert, vêtue d'une somptueuse robe jaune et rose, qui m'évoque, je ne sais pourquoi, la troublante malignité de cette jeune femme inconnue qu'un artiste du quinzième siècle immortalisa dans un buste polychrome ! Plus bas, sur des rayons moins en vue, il y a des figures lubriques, des groupes de poupées obscènes, mais on refuse de nous les montrer. Avec une vivacité pudibonde, le vieux marchand, comme je feins de m'y intéresser, referme son placard, et j'entends le grignotement de son ongle pointu qui, dans la hâte, écorche le panneau clair.

Décidément, je prendrai cette « Florentine » de Tien-Tsin. Plus je la regarde, plus elle me plaît. Elle n'est pourtant qu'un peu de cire, de porcelaine, de bois et de son, et, mystérieusement, tout cela lui compose une âme. J'admire ses petites mains aristocratiques aux inflexions maniérées, ses pieds estropiés qu'on découvre sous la robe en cloche, et qui ont l'air de la fixer au sol, comme, les racines, une belle tige !

On l'enveloppe dans l'ouate et de soyeux papiers, puis, une fois dans sa petite boîte-cercueil, on tire une trappe, et la voilà livrée aux aventures d'une traversée sur un grand paquebot qu'agiteront les houles, vers cette Europe redoutée dont elle connaîtra les sœurs en d'autres prisons, sous une vitrine de verre !

. . . .

Comme elle sent bon, la rue des droguistes, elle sent toute l'Asie !

Elle est relativement propre et tranquille.

On devine qu'elle est habitée par des négociants estimés et cossus, à la respectable corpulence.

Jamais le timbre des voix n'y dépasse le diapason d'un correct débat d'intérêts.

On entend le plus souvent le bruit d'une piastre qui saute et rebondit sur un comptoir, cependant que penché au-dessus de ses piles, le vieux marchand, aux antiques bésicles, épie d'un œil inquiet, d'une oreille attentive, la pièce trébuchante.

Parfois, la statuette d'un animal sacré, la figure d'un sage, un objet quelconque du culte Taoïste, échoué là, après quelles mésaventures ? surgit entre des fioles et des pots, fétiche garantissant la prospérité des affaires !

Tantôt, c'est une licorne au bois vaguement tacheté d'or. Une autre fois, c'est le dieu de la richesse, jovial et pansu, dont le rire fait éclater les mille petites rides du visage. Puis, c'est Lao-Tseu lui-même, tout en blanche porcelaine, tenant la pêche de la longévité. Mais, le plus souvent, c'est le dragon, le beau dragon classique, aux fortes griffes, la gueule ouverte dardant une langue aigüe, tout son long corps squameux, onduleux, prêt à se détendre, sifflant, secouant une piquante crinière !

Il se trouve partout, ce dragon : pris aux mailles de soie d'un manteau de mandarin ; enroulé à la corniche d'une devanture ; rampant lourdement sur la crête d'une muraille ; étreignant d'un élan brusque l'arête d'une pagode ; serré en boule sous les pieds d'un sage ou d'un philosophe de bronze ; même dans le ciel, lorsque claquent les beaux étendards jaunes, et que, de hampe en hampe, noir, il semble voler !

L'odeur des épices se mêle à une vague odeur d'huile rancie et de musc. Les safrans colorés, les gingembres, les girofles tressées en colliers, les cannelles, les thés serrés dans de beaux papiers de soie, les poivres en menues poudres rouges qu'un jeune apprenti pèse dans une balance de bijoutier, si minutieusement, que son buste, énervé par cette longue immobilité attentive, tressaille tout à coup et l'on voit l'ombre de sa natte osciller sur le flanc bombé d'un grand pot de grès rouge !

Toujours, au fond de chaque magasin, est accroché le panneau représentant un dieu tutélaire, un saint ou un ancêtre, généralement sous les traits d'un vieillard dont la placidité contraste avec une tumultueuse composition où monstres, dragons, génies infernaux se livrent à des acrobaties effroyables à travers de riches harmonies de vermillon, de bleu cru et d'or éteint !

D'où viennent cet effrayant tintamarre, ces sombres bourdonnements de gongs, ces miaulements ?

Les faïences bleues, sur les rayons du magasin de mon ami Shiang-Fo, le marchand de fards, en tressautent. Ah ! je sais : un mariage.

D'abord, au bout de la rue, garnie soudain de mille têtes qui sont sorties de toutes les façades par d'invisibles fissures, nous apercevons des drapeaux cramoisis à franges dorées ; des gerbes de fleurs artificielles ; d'étonnantes pièces montées en carton peint et verroteries, portées sur des brancards momentanément posés à terre ; des palanquins à l'aspect défraîchi comme s'ils sortaient d'un magasin d'accessoires ; des masques formidables recouvrant le corps entier d'un individu dont on voit les jambes grêles s'agiter sur des échasses ; enfin, une multitude d'enfants, pareils à des potiches animées, dans leurs belles robes longues, éclatantes et poétiques !

Cependant, le vacarme des joueurs de cymbales, des sonneurs de trompe, des batteurs de gong, les miaulements hystériques des danseuses portées sur le dos de grands Chinois athlétiques au bon sourire, grossissent, enflent, s'approchent, et voici qu'autour de nous l'atmosphère devient tout à fait intolérable ; on dirait qu'un orage vient de s'abattre dans la rue, nous traverse le cerveau avec ses foudres diaboliques décochées à bout portant, ses bourdonnements qui vous lancinent, des bruits de ferraille qui suggèrent des bruits de combat primitif : des chocs de cimier et de rondache, traversés de longs cris rauques, faux, déchirants !

La gaieté chinoise ! Quel étrange moyen de se divertir que ce déchaînement de sons inharmonieux ! Vraiment, ce mode de gaieté nous oppresse, il nous fait découvrir une fois de plus combien nos sensibilités diffèrent.

Par instants, nous nous laissons abuser : émus par de communs spectacles de beauté, sensibles à un commun idéal d'art, attachés par des superstitions analogues à des traditions, cultivant, somme toute, d'identiques préjugés de morale, nous oublions cette profonde dissemblance de race qui à la première occasion apparaît inconciliable.

Cette fois-ci, ce qui nous accable dans cette musique, c'est que nous la sentons chargée de l'angoissant mystère d'une civilisation vraiment trop lointaine pour que puisse la concevoir, même par brusques éclairs, notre imagination. Et pourtant, d'où vient l'indéfinissable charme que dégage la voix de cette femme qui s'est mise à chanter seule ?

L'orchestre s'est tu. Les artistes ont encore une fois déposé à terre leurs pesants instruments. Ils interrompent la circulation de la rue. Une file de mules est obligée de s'en retourner, et l'on entend, s'affaiblissant, les grommellements du conducteur mêlés à la sonnaillerie des harnais. La petite créature, qui sans souci du protocole nuptial, continue à jeter des vocalises, toujours juchée sur les épaules de son porteur, est singulière.

Des fleurs et des bijoux émaillés forment une sorte de casque sur ses cheveux plats; son visage peint, ses petites mains aux longs ongles serrés dans des étuis d'or, la soie pâle et molle dont son corps enfantin est paré lui donnent un aspect de très jeune courtisane. Outre cela, son incertaine assurance, sa façon de regarder autour d'elle avec à la fois timidité et défi, ce petit coup sec d'éventail dont elle frappe l'épaule de son porteur pour lui indiquer d'aller à gauche ou à droite, son impatience traduite par l'agitation de son pied suspendu dans le vide lorsque ses ordres sont mal exécutés, et surtout sa voix, son étrange voix fluette et rauque de poupée cassée, nous intéressent étrangement. Elle s'en aperçoit, et la voilà qui rit avec malice, ses yeux allongés au pinceau se rétrécissent, se tirent, se retroussent, sa langue aiguë et gourmande de jeune chat passe et repasse sur ses gencives rouges de bétel, elle crache, nous fait un joyeux signe de la main, puis, tarabustant le grand Chinois docile qui lui sert de monture, reprend sa marche avec sa chanson qui devient de plus en plus aiguë, de plus en plus cristalline, de plus en plus irritante, jusqu'à ce que la reprise des cymbales et des gongs nous l'ait fait oublier.

Mais où donc est la mariée ? On nous montre une litière aux rideaux hermétiquement clos. Tout autour marchent, en rangs de processions, les invités vêtus de rouge, tenant un rameau artificiel de papier doré. Derrière, suivent les chameaux portant des présents de noce. S'y trouve-t-il ce grand drap nuptial, couvert d'une multitude d'enfants brodés, qu'il est d'usage d'offrir dans la circonstance ? Les bonnes fourrures de Mongolie, les laques rouges de Houang-Tchcaou, les services cloisonnés, les beaux meubles d'ébène incrustés, les marbres veinés où l'on surprend des ciels ou des paysages, les velours de Pékin, les fines porcelaines, et surtout ces étonnants bibelots représentant des jardins, des sites célèbres, grâce à un agencement de jade, de cornaline, de sardoine, de bois précieux, de métaux rares, de plumes de martins-pêcheurs, et de puéril génie ; toutes ces richesses sont-elles contenues dans les ballots qui boursoufflent le caparaçon écarlate de ce grand chameau ?

Dans quelle demeure composée de petits pavillons, de kiosques, de grottes, de bosquets, dans un jardin soigneusement ratissé, entre de mornes murailles bosselées de coquillages, ces époux vont-ils dérober leur bonheur ?

Hélas ! l'empreinte pointue des pieds des concubines marquera peut-être bientôt les sentiers du jardin... Et par les violents jours d'été, quand enfermée dans sa prison, Sin-Fou, la petite épouse, croira déjà que c'est le soir, parce que le soleil oblique n'aura même plus la force de dorer le toit retroussé de la pagode voisine, sans doute pleurera-t-elle d'ennui et de délaissement ?...

Mais dans les grands vases d'argile ou de porcelaine céladon, Sin-Fou encouragera les arbres nains à enfoncer leurs vaillantes petites racines, afin de fortifier ce tronc et ces ramures qui répandent sur le gravier une ombre minuscule et pourtant centenaire.

Elle soignera ces beaux poissons rouges comme du corail sur le transparent vert des mousses, et elle leur apprendra à émerger à demi, lorsque couchée sur le bord du bassin, elle tirera de sa guitare en forme de tortue, une harmonie stridente et triste.

Elle brûlera régulièrement des baguettes d'encens devant l'autel des ancêtres, et les soucoupes de laque placées devant leurs tablettes ne manqueront jamais d'offrandes comestibles.

Elle sera une bonne servante conjugale, attentive, modeste et résignée.

Elle élèvera ses enfants dans l'esprit de la loi. Confucius répandra sur son foyer sa bénédiction, jusqu'au jour où, étendue dans un cercueil en bois de « tek », elle ira rejoindre les mânes de ses ancêtres, et instruite de la suprême sagesse, ne craindra pas de venir errer parmi les hommes, autour des autels qui lui seront consacrés, afin qu'ils sachent par sa présence qu'il n'est pas vain de croire en l'immortalité.

OUTAMARO (Collection de l'Auteur)

PÉKIN

Nous y arrivons par une nuit sombre, traversée de grands coups de vent qui découvrent soudain, dans une déchirure de nuage, de larges étoiles.

Murailles menaçantes, épaisses, fortifiées ! Grandes portes aux doubles battants, aux toits de pagode, dont le vermillon luit malgré l'obscurité et sous lesquelles des vagabonds, des colporteurs, des soldats chinois déguenillés aux allures de bandits, se tassent pour la nuit, dans l'humidité tombant des hautes voûtes avec des fientes de chauves-souris !

Une fois engagés sous ces voûtes, nous attendons quelques minutes, avant que la sentinelle se décide à soulever les lourds montants de fer qui barrent les secondes portes. Minutes d'anxiété, où il nous faut échapper aux frôlements de ces misérables que les sons de nos voix ont éveillés, et qui rampent, se lèvent à demi, poussés par la curiosité de nous voir : faces cireuses aux yeux fiévreux, qu'exagère l'éclairage trouble des torches, sortes de larves soudain grouillantes, dont les silhouettes molles se découpent sur la perspective de la nuit nuageuse, une fois que les gongs de la porte ont grincé, et que les battants cèdent.

Enfin, nous voilà sortis.

L'asphyxiante odeur de crasse, d'huile rancie et de misère qui avait failli nous étrangler, se dissipe à l'air vif du dehors.

Devant nous, des chaussées défoncées, des flaques qui luisent ; des compactes masses d'architecture donnant l'illusion d'une ville immense et inachevée dont on n'aurait construit que les soubassements ; pourtant, de loin en loin, planant comme un étrange phénix, une grande porte aux toits retroussés ; puis la sombre ligne des hauts remparts qu'on devine baignant dans de larges douves.

Triple ville s'emboîtant comme un jouet colossal, avec au centre son secret, cette place interdite, ce palais impérial dont nous ne discernons ce soir que le renflement d'une colline artificielle, la découpure fantastique d'un pavillon, un bouquet d'arbres sur une petite éminence.

Personne dans les rues, maintenant plus étroites, qui nous mènent au quartier des Légations.

Nous traversons un canal nauséabond, à demi-desséché, poétiquement appelé le « Canal de Jade ». Plusieurs « Yamens » de mandarins, maintenant les demeures des Ministres, le bordent de leurs tristes murailles. A leur seuil, deux lions de pierre grimacent, dressés sur des socles moussus.

Le pavé sec n'est ébranlé que par l'allée et venue régulière d'une sentinelle.

Des corbeaux tournoient au ras du sol, dans une rafale de poussière qui, mêlée à la nuit lugubre, aux odeurs fétides du canal, à des cris inquiétants — cris d'agonie ou de plaisir ? — provenant de là-bas, de la ville tartare, nous pénètrent d'une espèce de frayeur. Une frayeur qu'il fera bon tout à l'heure de dissiper dans les délices de l'opium, quand les yeux fixés sur la flamme calme de la petite lampe, nous croirons sentir le mystère tumultueux de cette nuit d'Asie monter à l'assaut de notre chambre, sans altérer notre quiétude, notre souverain détachement des choses d'ici bas et d'ailleurs !

. . . .

Nous traversons la grande avenue de Ratamen pour aller voir, dans un quartier éloigné de la ville chinoise, des instruments d'astronomie apportés par des Jésuites au dix-septième siècle. Quelle cohue dans ce Ratamen ! Un poudroiement de soleil et de poussière à travers lequel on distingue un grouillement de foule bleue, une foule qui porte sur elle toutes les nuances célestes, depuis le saphir cru de la toile neuve, jusqu'à la turquoise mourante, éthérée, des soies précieuses. Tronçons de caravanes errant à travers la ville, et qui vont se reformer ce soir, dans quelque cour d'auberge louche, avant de repartir pour les grands steppes mongols : le désert qui nous envoie, avec ses trombes de vent jaune, du sable, brutalement, au visage. Beaucoup de chaises à porteurs dans lesquelles passent hiératiques, l'air absent, des mandarins aux beaux colliers. Beaucoup de charrettes peinturlurées, des cavaliers, de vieilles calèches où trônent sur le siège, l'air important, le « mafou » d'une légation et le valet de pied dont la livrée à collets découvre sous la natte une empreinte crasseuse.

Et puis, surtout de la garnison étrangère : des Bersaglieri aux fringants plumets suggérant des ascensions, avec des bruits de clairon, dans l'Alpe pierreuse, à midi ; des Allemands aux gros yeux de verroterie bleue, insolents, pansus et roides, mal à l'aise ; des Anglais corrects le regard niaisement moqueur ; de tout petits Japonais secs et râblés, autrement plus imposants et plus inquiétants avec leur sourire un peu macabre, que leurs frères ennemis, ces grands colosses pâles, les Russes, aux rires épais !

Enfin, les petits Français, toujours de bonne humeur, une grivoiserie au coin de la bouche, une pointe de sentimentalité dans le regard, qui nous content avec une effusion joyeuse « la bonne pile qu'ils ont flanquée la semaine dernière, dans un tripot louche de Tien-Tsin, à des casques à pointe, à des Prussiens, même que ça a failli amener un incident diplomatique ! »

Comme elles sont belles, tout au long d'une large voie comme Ratamen et d'ailleurs dans tout Pékin, ces devantures en bois sculpté et doré ! Quelle richesse d'invention, quelle souplesse de goût exigent l'entrelacement, les combinaisons variées de ces trois ou quatre motifs fondamentaux, toujours les mêmes : fleurs charnues, dragons, soleils et chimères.

Tantôt on dirait de la dentelle légère, une dentelle d'or presque gothique tant elle est fouillée, affinée, presque immatérialisée sous le ciseau aigu et audacieux. La poussière se dépose au bord d'encorbellements exquis, au creux de volutes si fragiles, ainsi sculptées en relief, qu'un souffle en passant les pourrait briser.

D'autres fois, c'est simplement de la bonne ébénisterie solide. Plus de rocaille, plus de flamboyant, plus de cette décoration qui semble enfantée par un cerveau monstrueux et sublime, saturé d'opium. De grandes lignes frustes, presque sévères, un dessin géométrique à peine indiqué, courant sur des surfaces unies. On dirait que c'est par déférence pour la noble matière du bois, que l'artiste, cette fois, renonça à son travail de fée et de termite.

Une rue chinoise n'est précieuse que par cela, par ses façades. On peut se promener pendant des heures, incommodé par les bruits, la foule et la poussière, sans que les yeux se lassent de ce déroulement prestigieux, enchanté, poétique, qui court au long des maisons bâties comme des granges, ornées comme des palais.

Au bout de quelques heures déjà, et surtout si l'on monte sur un rempart, l'on peut s'apercevoir combien Pékin est construit d'après le plan d'un camp Mongol : larges artères, voies triomphales tracées géométriquement, majestueux portiques, triple enceinte de murailles crénelées, coupées de temps en temps, avec une remarquable opportunité, par de hautes portes.

Ah ! ces portes de Pékin, hautes comme pour n'y laisser passer que debout la victoire ailée, comme elles sont glorieuses, avec leur forte charpente, leur rondeur de donjon, leurs battants cloutés, leur barbare teinture d'indigo et de vermillon, leur aspect pesant et farouche, malgré cette envolée de lignes légères de la toiture, ces angles retroussés où se tord un dragon, ces clochetons qui ont l'air de danser dans l'azur !

Ce sont elles qui, la nuit une fois close, détiennent le secret de la ville chinoise, de la ville tartare, de la ville interdite, qui elle-même, en dérobe une autre plus interdite encore : la ville violette.

Combien de fois nos rêves se sont-ils heurtés aux murailles sanglantes de cette ville interdite, aux assises croupies dans l'eau des douves profondes !

Que pouvions-nous saisir ? La ligne mouvementée d'une colline, la silhouette d'un kiosque, des bosquets d'arbres cachant à demi la toiture en tuiles vernissées d'un bâtiment incertain, la spirale d'une pagode, et surtout par-ci par-là, trouant les feuillages, des clochetons de cuivre, de porcelaine, brillants, vifs et frais sous le soleil.

Des anecdotes datant de l'entrée des alliés au Palais, en 1900, nous reviennent à la mémoire, nous incitent à imaginer plus fortement l'aspect de ce lieu défendu.

« Quand nous pénétrâmes dans la chambre de l'Impératrice, dans Sa Chambre, nous raconte M. C..., nous trouvâmes, étendu sur un lit de parade au damas jaune et bleu, un eunuque vêtu de soie violette, qui ronflait ivre ! »

Inquiétante Messaline vieillie cette Impératrice, qui à la suite des événements de l'été qu'elle avait provoqués, reçoit les membres du Corps diplomatique pour leur faire des excuses, feint de compatir aux angoisses qu'ils ont endurées, donne à leurs enfants divers cadeaux qu'on lui rend, naturellement.

Et derrière son auguste et redoutable figure, ses deux conseillers rivaux, le Prince Tuan son cousin et amant, et Yon-Glou le chef des eunuques, le créateur du parti boxeur !

Ah ! ce palais, même de loin, sent décidément le crime, l'égoût et le lupanar.

Les intrigues de cour qui s'y trament, ont pour enjeu quotidiennement des vies humaines. Il n'est pas jusqu'à son fils, ce malheureux séquestré, dont l'ombre ne jette, par-dessus les hautes murailles muettes, un peu d'épouvante ! Allons, il vaut mieux quitter ces dangereux parages, oublier devant ce beau cadran solaire au bronze finement ciselé et ce grand télescope qui a l'air à la fois pesant et précieux, toutes ces sombres histoires.

Nous sommes ici dans un quartier solitaire, où l'herbe pousse entre les pavés disjoints. Quel silence délicieux après ce brouhaha des grandes avenues ! Un chien jaune dort sur des pierres, son ventre écorché est noir de mouches. Il n'a pas l'aspect comestible, la chair grasse et rose de ses camarades aux poils traînants, destinés à orner la table abondante et fine d'un riche mandarin. C'est un pauvre chien errant, en train de crever sur des gravats, dans ce quartier désert que comble de son luxe l'azur d'un beau jour de novembre.

Ici, s'élevait l'observatoire élevé, grâce à la munificence des Ming, pour ce corps de missionnaires savants à qui nous devons ces admirables objets de bronze. Nul vestige n'en est demeuré, à moins que ce ne soit avec des débris de cet édifice que l'on ait construit ce petit temple misérable, où achèvent de se consumer, devant des tablettes rouges, deux baguettes d'encens. Fuyons vite cette place désolée où se tassent des maisons grises qu'on dirait faites avec de la fiente d'oiseau et de la lave. Leur accès est libre, selon l'usage, mais le regard indiscret est bien vite arrêté par une sorte d'écran en maçonnerie sur lequel sont inscrits le rang social et la profession du locataire. Et puis, cet écran a aussi un autre but : il s'agit d'empêcher les mauvais esprits d'entrer dans la demeure. Déconcertés par ce premier obstacle, ils risquent d'obliquer, de tourner sur eux-mêmes sans découvrir le vrai détour !

. . . .

Nous allons au temple du « Bonheur éminent » en nous arrêtant devant la « salle des examens », l'université où jadis les mandarins acquéraient leurs brevets, et qui n'est plus qu'un amoncellement de ruines, de pierres émiettées recouvertes de broussailles sèches, où glissent des lézards.

Depuis qu'il est d'usage d'acheter ses grades, quels examens pourraient bien passer les lettrés ? Autrefois, d'ailleurs, ne suffisait-il pas de bien tirer de l'arquebuse pour obtenir les galons de général ?

Signe des temps, progrès : l'instruction traditionnelle n'impose plus, à tous, ses rites tyranniques ; ses sanctions n'ont plus la même valeur ; son prestige est diminué depuis que des professeurs d'Europe, et surtout les universités japonaises, ont fait comprendre aux Chinois qu'il était peut-être aussi utile de savoir construire un canon que de pouvoir réciter par cœur les « classiques ».

Mais nous voici déjà au temple du « Bonheur éminent ». Nos « Pousses » ont couru vite. Leur torse d'ivoire jaune est perlant de sueur. Nous avons traversé les rues étroites où étaient installés des marchés ; canards « laqués » pendus aux devantures, boucheries de chiens, tripailles sanglantes, rôtisseries de sauterelles.

Ils sont d'une puissance dramatique d'eau forte, ces fonds de restaurants populaires. Ah ! ces têtes éclairées par un jour de soupirail, devant des tables d'ébène graisseuses où s'écrasent, dans les boulettes de riz tombées des bols, des empreintes de doigts voraces et crochus !

Parfois, une fille de joie est égarée là, au milieu des débardeurs aux fortes épaules, qui ricanent en découvrant leurs contusions d'un geste impudique.

Elle est toute frêle, éclatante de fard, elle mâche continuellement des arachides. Soudain, elle se met à chanter. Elle se lève, s'appuie à la table, renifle, crache, et d'une main grasse bat la mesure, en balançant la tête. Ses petits pieds sont enfoncés dans le parquet, comme des griffes. Les fumeurs commencent à s'étendre sur des lits disposés contre la cloison, et la fumée bleue, le parfum capiteux de l'opium se mêlent à des odeurs rances et canailles.

Autour du temple bouddhiste du « Bonheur éminent » est toujours établi une sorte de marché, de marché de jade. Beaucoup d'amateurs s'y disputent des tabatières arrondies et aplaties aux bouchons précieux, des bracelets, des anneaux ; de simples blocs heureusement contournés ou riches de ciselure, des brûle-parfums soutenus par des phénix aux ailes étendues, des boutons de parures officielles, des coupes à libations, des « Chû » ou tablettes destinées aux mandarins pour retenir leur haleine dans les cérémonies, des ornements de coiffure, de ceinture, des godets à encre, des sceptres, des porte-pinceaux, des presse-papiers, ce singulier instrument de musique : le « Ring » employé dans les orchestres religieux et qui consiste en minces plaques de jade enfilées par des cordelières de soie qu'un marteau d'ébène fait sonner en les heurtant contre un cadre de bois dur ; parfois, une statuette bouddhiste.

Comme on comprend que le jade ait été consacré par les Chinois depuis la plus haute antiquité afin de ne former que des objets rituels ou officiels. Cette noble matière, dont l'opacité et la dureté sont alliées à une splendeur de tons glauques et laiteux comme des fonds mystérieux de la mer, était naturellement destinée à avoir une valeur symbolique.

On rapporte qu'un jour Tsé-Kong, disciple de Confucius, le questionna en ces termes :

— Oserais-je vous demander pourquoi le sage estime le jade, et ne fait aucun cas de la pierre « huen » ? Serait-ce parce que le jade est rare et que la pierre « huen » est très commune ?

Confucius répondit :

— Ce n'est pas parce qu'il y a de la pierre « huen » en abondance qu'elle n'a aucun prix, ni parce qu'il y a peu de jade qu'il est très estimé, mais c'est parce que, dès les temps anciens, le sage a comparé la vertu au jade. A ses yeux, le poli et le brillant du jade figurent la vertu de l'humanité ; sa parfaite compacité et sa dureté extrême représentent la sûreté d'intelligence ; ses angles qui ne coupent pas, bien qu'ils paraissent tranchants, symbolisent la justice ; les perles de jade qui pendent au chapeau et à la ceinture figurent le cérémonial ; le son pur et soutenu qu'il rend quand on le frappe et qui à la fin s'arrête brusquement, est l'emblème de la musique ; son éclat irisé rappelle le ciel ; son admirable substance tirée des montagnes et des fleuves représente la terre... Voilà pourquoi le sage estime le jade.

Plus tard, vers le sixième siècle de notre ère, quand la civilisation chinoise, après tant d'épreuves, s'amollit un peu, oppose à un désenchantement profond un épicurisme raffiné, et que du scepticisme naît ce goût délicat pour le côté plaisant, fugitif et inutile des choses de la vie, des cérémonies esthétiques s'organisent. On se réunit dans de discrets pavillons, au fond des jardins ombreux, pour discuter d'art pur ; on respire savamment des fumées d'encens, dont il faut discerner la qualité, reconnaître l'origine ; des objets précieux passent de main en main, on les palpe voluptueusement, on conte leur histoire, on commente leur provenance, on les célèbre en de courts poèmes.

C'est le règne du jade. Que d'amateurs éprouvent à caresser sa surface polie de suprêmes jouissances tactiles ! Comme ils estiment pleinement à sa splendeur foncée et veloutée, la qualité d'une substance plus capiteuse que l'émeraude !

C'est l'époque où le lettré Tsin-Tsan, à un souper où l'on mêle des fleurs au vin de riz, improvise ces vers :

« Le parfum de ces pauvres fleurs pénètre jusque dans les coupes de jade, et le vin d'automne en est embaumé ! »

Dans les rapports intimes de la vie, le jade acquiert aussi une sorte de valeur sentimentale. On l'échange en présent, il représente pour les femmes le plus précieux bijou. Si-Taïpe fait dire à l'une d'elles : « Ces hirondelles de jade, ornement de ma coiffure, elles étaient sur ma tête le jour où je me donnai à toi ; je te les offre aujourd'hui comme souvenir, ne manque pas de les essuyer souvent avec ta manche de soie. »

Et c'est peut-être, inspirée par un sentiment d'amour analogue, que cette paysanne, à la peau cuite et tannée par le dur soleil tapant sur les rizières, marchande en ce moment avec tant d'anxiété, un humble anneau, d'un glauque laiteux. « Garde-le en souvenir, dira-t-elle à son amant le jour de la rupture, et essuie-le souvent avec ta manche de toile, ô mon rustique bien-aimé ! »

Le temple du « Bonheur éminent » est comme presque toujours ici un édifice en bois, contourné, compliqué, précieux, couronné de toits d'émail jaune aux niveaux différents, aux bords onduleux et retroussés. L'entrée en est étroite, favorisant ainsi un clair-obscur complice, à travers lequel les dieux féroces et belliqueux, les ornements fantastiques, les monstrueux animaux peints dans les tons crus, les autels chargés d'offrandes, les grands brûle-parfums de bronze toujours fumant, les prêtres aux jaunes visages, aux fastueux vêtements sacerdotaux, la foule elle-même d'un coloris atténué sous cette demi-lumière rayonnée des lanternes, prennent un aspect surnaturel.

CHINE

Des statues de grands philosophes traitées avec un réalisme saisissant, une observation aiguë scrupuleuse, bien chinoise, alternent avec les produits d'un art chimérique ; des compositions enfantées dans le cauchemar, et dont le souvenir vous obsède, non pas dans leur ensemble d'incohérente étrangeté, mais par un petit détail précis, hideux, qui glace le sang.

Le seuil est toujours gardé par ces « lions de Fô » en faïence bleue et jaune, grimaçant sur leurs socles, et par ces farouches gardiens brandissant des glaives, les yeux désorbités, la bouche pleine d'anathèmes, qui piétinent un dragon !

Au dehors, des pigeons se gorgent de graines éparses sur les dalles. Une tiédeur printanière passe dans la brise, donne un démenti à un groupe d'arbres émergeant d'un jardin, là-bas, que l'automne empourpre et calcine de sa flamme secrète. De légers nuages irisés glissent au-dessus de l'immense ville puante et bourdonnante comme un cadavre livré aux larves. Ils vont atteindre bientôt les montagnes de l'ouest qui cachent, dit-on, des sépultures impériales : dignes linceuls d'azur pour des « Fils du ciel ! ».

PEINTURE DE L'ÉPOQUE SUNG, XIe-XVe XIIIe SIÈCLE (Collection de l'Auteur)

LE TEMPLE DU CIEL

Trois fois par an, au solstice d'hiver et d'été, au début du printemps, l'Empereur sort de ses augustes demeures, traverse les larges voies de Pékin, pavoisées pour la circonstance d'éclatantes banderoles, se dirige entouré d'un fastueux cortège de mandarins, de dignitaires, d'officiers à cheval, de dames de la cour portées dans des litières pourpres, vers ce parc mystérieux, clos de hautes murailles, où resplendit tout blanc, d'une surnaturelle blancheur à travers le sombre feuillage des « Tuyas », un autel, un simple autel formé de trois terrasses circulaires aux beaux balustres, orné au centre d'une table à sacrifice, marmoréenne également. C'est là que l'Empereur officie depuis des siècles, en l'honneur des premiers principes : le ciel et la terre.

Il doit être seul. Les membres du cortège attendent dans des pavillons éloignés la fin de la cérémonie.

Revêtu de somptueux vêtements sacerdotaux, il élève, selon les rites, des vases de bronze aux purs galbes archaïques. La fumée de l'encens, des victimes rôties, des libations, s'échappent des trous pratiqués dans cette admirable surface de marbre pâle. Il est tout petit, mais plein de majesté ; au-dessus de sa tête, resplendit un glacial azur, ou bien de gris nuages lourds de pluie, ou bien encore, c'est le printemps, et l'atmosphère est indécise, irisée et légère ; du sombre bois voisin s'échappent des gazouillements, cependant qu'au loin, dans la plaine poudreuse d'ossements, tourbillonnent en criant des essaims d'alouettes folles.

Une autre fois, il descend les degrés de l'autel, et dans un espace consacré, déchire sous un soc de fer le mol gazon printanier.

La solitude et le silence forment autour de lui une incomparable atmosphère de solennité et de respect. C'est tout seul encore, qu'il traverse ces vastes cours intérieures aux dalles mangées d'herbes, sinistres cours de préaux entre des murailles rouges qu'effritent avec leurs becs, les corneilles rapaces.

Admirable ordonnance de ces cours, reliées par de hautes portes, aux toitures gracieuses, couronnées de tuiles vernissées, aux battants de marqueterie fine, incrustés de nacre et d'ivoire ! Soudain, dans l'une d'elles, on découvre une large piscine, de marbre encore... Oh ! le troublant éclat, troublant comme une nudité, de ce marbre pâle dans ce séculaire décor poudreux et grave !

Enfin, l'on sort, l'on échappe à l'obsession de ces murailles rouges, de ces innombrables portes, de ces tours taillées dans un magnifique bois violet, qui, sous leur éblouissant revêtement de faïences, ont l'air de tours ensorcelées...

Et l'on arrive devant le dernier ou plutôt le premier édifice ; un grand temple rond, tout en bois, auquel on accède par des escaliers de marbre. Sa corniche est éclatante d'émaux et de porcelaine, son toit lapis-lazuli, en pente et retroussé aux angles, supporte des échines onduleuses de dragons, dont les gueules débordent tout autour, ouvertes, menaçantes.

A l'intérieur, le plafond fastueux est soutenu par d'énormes colonnes en laurier de Yunnam peintes au cinabre. De gigantesques caractères d'or se déchiffrent aux voûtes, écornent l'obscurité qui recouvre une muraille, comme de grands signes cabalistiques soudainement tracés par une main lumineuse.

Des chauves-souris volent, écrasent leurs ailes aux solives, et par la porte ouverte le bois de tuyas doré dans le crépuscule forme un solennel et triste fond de décor qui entre rapetissé, dans le sanctuaire, avec une odeur amère et légère de feuillage.

. . . .

LES TOMBEAUX DES MINGS

Nous partons ce matin pour Nankeou, un petit village où nous trouverons des mulets pour la grande excursion des tombeaux des Mings, et un gîte pour les deux nuits qu'il nous faudra passer loin de Pékin.

Il fait très beau ; l'atmosphère est d'une qualité presque égyptienne, elle découpe nettement, mais sans sécheresse, les contours ; on la dirait couverte d'une buée transparente, comme celle qui perle aux fruits humides de rosée.

Le petit train s'ébranle, traverse lentement les trois villes aux fortes murailles qui composent Pékin : toujours la grandiose et triste mise en scène des hautes portes, des larges avenues triomphales, tantôt vides et mornes comme les voies d'une ville récemment désertée, tantôt remplies, au contraire, de vociférations, de grouillements, de tumulte.

Nous apercevons la toiture du temple de Confucius, où nous fûmes hier. Il est grave et d'une solennelle ordonnance, ce temple rouge, précédé d'un portique luxueusement orné, que mettent si bien en valeur les masses sombres d'un parc de tuyas aperçu au travers.

A l'intérieur, l'impressionnante simplicité de quelques tablettes laquées, rouges et noires, sur lesquelles sont inscrits en caractères d'or les titres et les dignités de Confucius et des membres de sa famille.

Dans le clair-obscur, des fumées de brûle-parfums s'évaporent, cependant que flotte une odeur de camphrier, comme si les murailles, les plafonds, les colonnes avaient été taillés dans cette balsamique substance.

Au dehors, le soleil joue avec les ombres un peu rigides des tuyas centenaires, aux branches desquels un vol de ramiers s'ébattant met comme un poudroiement de nacre.

La campagne chinoise est toujours la même, morose, desséchée, avec d'innombrables tombeaux : quelques pelletées de terre inégalement amoncelées, comme les vagues pétrifiées d'un terrain en remous vers l'horizon...

Une herbe pâle y végète parmi des pierres scintillantes. De loin en loin, une tour en briques séchées les domine de sa silhouette crayeuse, et l'on dirait un pauvre petit phare perdu au milieu de cette houle de glaise abrupte et molle, dont les ondulations ont vraiment l'irrégularité rythmique d'une eau déferlant.

Ces tours, inévitables au milieu de toute plaine funéraire, sont destinées à conjurer les mauvaises influences qui pourraient nuire à la vie future des défunts. Orientées, selon les conseils d'un géomancien, dans telle ou telle direction, elles sont soi-disant en rapport avec les courants magnétiques du sol, l'emplacement des astres dans le ciel, les souffles, les vapeurs, la configuration des cours d'eau et des collines.

La superstition qu'on y attache leur donne un aspect mauvais, inquiétant. On les imagine hantées ; et quand, passant près d'elles, l'on fait s'évader de leurs corniches démantelées une troupe de corbeaux, il semble que ce soit l'âme d'un sorcier en vigie funèbre, qui s'enfuit à travers ces cris sauvages et ces vols noirs éperdus !

A Nankéou, il nous faut quitter le train et prendre des mulets. Nous traversons d'abord un village. Des amoncellements de « kakis », ces fruits aux pulpes ensoleillées et savoureuses, croûlent au seuil des maisons. Rien que cela, et c'est admirable, ces taches pourpres, orangées, sur des fonds ternes de façades grises ! Puis aussi, les vêtements bleus des coolies, si frais à l'œil ; l'éclat vif d'une fleur dans un chignon noir ; le pied chaussé de velours d'un mandarin qui descend de sa chaise à porteur ; un poney jaunâtre qui arrive en galopant, tout ébouriffé dans la poussière ; des visages voraces aux yeux creux sous l'éclairage fumeux et blême d'une salle d'auberge, où tremblent les reflets dans un grand feu de bois.

Ah ! ces feux de bois ; les pointes vacillantes de ces flammes projetées au plafond qui ont l'air de vouloir dévorer poutres et solives, jusqu'à ce que l'écroulement d'une bûche dans la braise ardente les rapetisse, les fasse redevenir de petites ombres bleuâtres dansant modestement sur le bord du foyer !

Beaucoup de paysans, le long de cette grande route que nous suivons, et qui va s'enfoncer à travers des rizières, des marécages, vers ce cirque de montagnes améthyste et turquoise durement en relief sur le ciel. Beaucoup de paysans portent suspendus, aux extrémités d'un bambou posé en équilibre sur leur épaule, des fardeaux, des corbeilles bien tressées, des boîtes de colporteurs qu'on devine remplies d'écailles, de bijoux, de soieries, qui font accourir, au prochain village, des jeunes femmes à la démarche trébuchante.

Puis aussi des caravanes venant de Mongolie (c'est la route de la grande muraille). Solennelles et falotes processions de chameaux, sur lesquels dodine, au sursaut de leur pas inégal et plongeant, un corps d'homme hissé là-haut, on ne sait comment, au milieu de ces gros sacs qui ont l'air de bosses facétieusement ajoutées au dos de la bête !

Mais bientôt nous quittons cette grande route des caravanes, pour nous diriger à travers champs vers ces admirables montagnes, dont la matière paraît de plus en plus précieuse et éclatante, à mesure que le soleil décline, les caresse un peu, jette çà et là comme une éclaboussure d'or qui, après les avoir frappées, les fait longuement vibrer, fait naître sur leurs parois des reflets qui vont s'irisant et se dégradant à l'infini, jusqu'à n'être plus que l'ombre d'une nuance, une sorte d'haleine colorée et subtile.

Elles emprisonnent une spacieuse vallée en forme d'hémicycle que traverse, sur une longueur de plusieurs lieues, une allée bordée de statues monolithes, géantes.

C'est l'espace consacré aux sépultures impériales. Le sol en est vierge, à peine défriché ; il serait condamné pour sacrilège, celui qui oserait ensemencer cet humus fertile et gras, nourri de cadavres !

A l'entrée de la vallée, un seul grand portique, admirable d'élancement et de grâce. Il est en pâle marbre rehaussé de couleurs. Ses arceaux ont à la fois la finesse et la force des chefs-d'œuvre destinés à ne pas périr. Les invasions, les oiseaux de proie, l'usure corrosive des pluies et des soleils, les tremblements de terre, toutes les épreuves semblent, depuis des siècles, avoir trempé comme un acier sa précieuse matière ; ses fondations sont devenues comme des racines vivantes, profondément tenaces ; il semble dans ce divin paysage, le résultat naturel d'un travail secret du minéral, un phénomène de beauté analogue à celui de ces étonnantes montagnes, dont il retient le capricieux déroulement à travers ses fins arceaux de marbre.

C'est dans les renfoncements ombreux de ces montagnes, sous leurs aisselles parfumées — si l'on peut dire — que sont cachées les sépultures augustes.

De très loin à travers le feuillage, ou plutôt à travers l'entre-croisement dépouillé des branches automnales, un reflet de laque rouge, une tuile jaune et verte, la silhouette métallique d'un phénix fixé à une toiture, révèlent la place secrète où ces morts illustres ont voulu reposer dans l'un des plus beaux lieux du monde.

Et quelle idée de génie, reprise plus tard d'ailleurs, par les architectes de la dynastie suivante, que cette voie flanquée d'une double procession d'animaux et de personnages en basalte, dont les silhouettes prennent, dans la perspective, je ne sais quel aspect fantômatique, grandiose, saisissant !

Dromadaires accroupis, hippocampes, lions stylisés, onagres, mandarins civils et militaires se faisant bénévolement des salutations compliquées de chaque côté de la route, cependant qu'un oiseau irrévérencieux picote dans leur chapeau rond orné d'un plumet et du bouton de corail, une mousse riche d'insectes.

Treize empereurs sont enterrés ici. Le cirque de montagnes auxquelles sont adossés leurs tombeaux est long de plusieurs milles. Le regard n'en peut pas plus embrasser l'étendue que mesurer la hauteur des cimes, dont l'ombre projetée répand sur eux comme un linceul violet.

Parfois, un aigle tournoie très haut, dans cette espèce de puits d'azur qu'est devenu le ciel au milieu de ces glorieuses altitudes.

Le silence est pareil aux sourdes harmonies qui s'échappent encore de cymbales d'airain récemment ébranlées. Les chênes et les arbres « kaki » jettent aux quatre coins du paysage leurs feuillages embrasés, que le vent éparpille comme des flammes de torches. Et l'on songe, tout à coup attentif, à la belle parole du poète chinois : « L'approche de l'automne rappelle le grondement d'une armée en marche. »

C'est le mausolée de l'empereur « Young-Lo » que nous visiterons.

Une succession de portiques, de cours à l'angle desquelles s'élève une svelte pagode, de monumentaux brûle-offrandes en faïence, posés lourdement sur les dalles ; partout des balustres de marbre qui courent, qui rehaussent ces riches mais sombres harmonies des laques de leur claire dentelle ; les toits émaillés, vifs et charmants, se raccordent bien aux tons incandescents du bois automnal qui s'immiscie partout, semble vouloir pénétrer, avec ses fortes sèves, au cœur de ce trésor vermoulu ; enfin, la salle sépulcrale, sévère et majestueuse, avec ses énormes colonnes faites d'un seul tronc de laurier, ses plafonds noyés dans l'obscurité, comme si elle se perdait dans une nuit sans fin, ses tablettes perçant une lumière indécise de leur reflet rouge. Puis l'on sort, et vainement l'on escalade des monticules couverts de la jonchée craquante des feuilles de chêne : l'endroit où fut enseveli le cadavre impérial est inconnu.

Alors, il nous faut retraverser la série des cours, des portiques, des pagodes, sous la dure turquoise du ciel maintenant pâlissante. Au loin, des buées mauves et roses recouvrent légèrement les antres béants de ces montagnes où sont enfouis tant d'autres tombeaux. Et après quatre heures de marche, on quitte à jamais cette longue allée inoubliable bordée de statues de pierre, ce divin portique au marbre fardé d'or et de tons éteints, tout ce paysage à la fois doux et sauvage, tragique et apaisant, où semblent se laisser deviner, à travers la brise, les courbes délicates et fuyantes, les mols contours tièdes de corps tendrement aimés qui ne sont plus...

Nous nous retrouvons en pleine nuit, au milieu de la campagne et des marécages. Des chants lointains de paysans nous parviennent, tristes, étreignants, si étranges, que notre cœur se serre.

Où avons-nous entendu ces chants ? Dans une vie antérieure ? Notre trouble est si grand qu'il nous faut le tintamarre d'un théâtre rustique, établi en plein vent à l'entrée d'un village, pour le dissiper.

Un acteur, habillé en femme, tout en rouge, fait passer par les trous d'un masque ricaneur, des hurlements stridents, et la petite musique bizarre des tambours en peau de serpent, des cymbales de fer, des trompes lugubres, trépide, sautille, beugle, semble un accompagnement de gnomes moqueurs et malfaisants.

HOKUSAÏ (Collection de l'Auteur)

LA GRANDE MURAILLE

Cette fois encore, il nous faut suivre la longue route des caravanes, cette route poussiéreuse serpentant le long d'un gave à demi-desséché, dans un défilé montagneux aux parois crayeuses, sur lesquelles éclate, de temps en temps, un arbre kaki magnifique, tout en pourpre et doré !

Des campements sont provisoirement installés çà et là : autour d'une marmite fumante, hommes et femmes vêtus de la même casaque bleue et du même pantalon, sont accroupis ou surveillent du bout d'une baguette d'ébène, la cuisson du riz. Un maigre cheval broute à l'écart, à défaut d'herbe, des feuilles de mûrier jaillies de la fente d'un vieux mur.

Des enfants se roulent sur le sol ; empoignent du sable, s'en frottent le visage et rient. Au loin, un hullulement de chouette. Des vents sifflants accourent par instant en trombes, et font plier des branchages qui craquent. Un bruit de lavoir : deux femmes agenouillées au bord du gave, devant un mince filet d'eau qui coule sournoisement sous des cailloux plats ; elles y trempent des hardes joliment fanées, en les tapant avec une palette de bambou.

Avec leur natte qu'ils gardent relevée et roulée autour de la tête, pour bien nous prouver qu'ils ne nous tiennent pas en grande considération (la déférence exigerait qu'ils la laissent pendante), ces hommes de la grande route, ces bohémiens chinois, ont un air impudent et brutal qui n'est pas sans beauté.

On les imagine assez, faisant partie de ces cohortes vagabondes qu'un Gengis-Khan traînait à sa suite à travers les steppes de Mongolie, espèce d'arrière-garde fainéante mais résolue, lorsqu'il s'agissait de pillages, de viols et de forfaits !

Quant à leurs femmes, elles conservent dans toutes les circonstances, même à travers les péripéties de la vie nomade, ce caractère de minauderie, de coquetterie puérile et féline à la fois, qui finit par rendre, à la longue, leur charme exaspérant.

En voici une pourtant bien attrayante. Elle arrive, mollement couchée entre les bosses d'un grand chameau qui trahit par ses pauvres genoux écorchés la fatigue d'un long voyage. Son corps enfantin est si souple et si mince sous sa tunique bleue, qu'il ajoute à peine un petit renflement voluptueux, une ligne légère d'étoffe claire, aux contours bruns et pelés de sa haute monture. Des épingles amusantes, formant des papillons, des fleurs, des insectes, ornent sa coiffure de femme mandchoue, une étonnante coiffure soutenue et élargie par deux palettes de bois qui lui donnent une envergure d'ailes.

Devant une pauvre boutique de thé établie sous un hangar livré aux vents le long de la route, elle fait signe au chamelier, qui à pied la précède, de s'arrêter.

Et nous assistons à la descente compliquée de cette singulière voyageuse, si nonchalante d'aspect quand elle était là-haut, couchée entre des sacs de grains, qui peu à peu se roidit, se détend, s'articule, devient enfin un être vif, nerveux, pétulant, qui court à droite et à gauche, s'étonne de tout, pousse des exclamations enfantines, redoute pourtant de s'approcher de nous, en proie à une sauvage pudeur qui lui donne l'air d'un jeune animal mauvais et sournois. Elle est décidément très bien parée, très soignée ; qui peut-elle être ? Alors, notre « boy », avec des airs mystérieux, des hésitations, la promesse que nous serons discrets, nous conte qu'elle est la concubine favorite d'un vieux mandarin des environs, un riche propriétaire. Or, aujourd'hui, en dépit de toute convenance, elle s'est permis de grimper sur ce chameau qui suivait, retardataire, une longue caravane, afin de se donner, jusqu'au prochain village, une sensation de grand voyage, de liberté, d'air vif et aussi de risque, car elle serait bien accueillie si l'on apprenait son escapade !

— Quoi ? Elle serait battue, privée de dessert ?...

Notre boy a un merveilleux mouvement de mimique tragique pour nous répondre. Il n'a pas dit un mot, mais le jeu de sa physionomie, son geste à peine ébauché, nous a remplis d'une mystérieuse terreur.

Ah ! l'obscurité, l'inconnu de cette secrète vie chinoise ! Comme elles doivent craquer les traditions morales, sous la poussée obscure irrésistible, des instincts de ce peuple trop vieux et trop raffiné pour n'avoir pas poussé ses vices à leur paroxysme ! Le geste de menace et d'effroi de ce boy, oh ! je ne l'oublierai plus. Il nous découvrait soudain, comme un mot jeté au hasard fait émerger d'anciennes images inconsciemment enregistrées, des spectacles d'un sadisme étrange. Le souvenir de certains supplices, décrits ou entrevus dans des albums obscènes, nous traverse le cerveau brutalement : « Du sang sur un parvis de mosaïques losangées, une petite fille attachée à un lit de bambous, dont les pieds chaussés de blanc sursautent, semblent demander du secours, des reflets d'acier, des mains fines aux ongles aigus, des faces convulsées par un singulier, un effrayant plaisir, des bourdonnements de mouches autour du sureau qui répand une odeur fade, et, au fond de tout cela, la placidité vénérable d'un vieux mandarin, assis sur un précieux fauteuil de laque et d'ivoire, qui s'évente en souriant... »

Nous traversons une ville fortifiée, une de ces vieilles villes chinoises qui semblent avoir soutenu l'assaut des siècles sans défaillance, tant on les devine immuablement pareilles à ce qu'elles étaient il y a deux mille ans.

On y pénètre par une sorte de porte voûtée, toute creusée à l'intérieur d'inscriptions indéchiffrables ; puis, à mesure que l'on s'en éloigne, le paysage devient plus âpre, plus sauvage, plus majestueux !

Des ouvriers font sauter à la dynamite un pan de montagne. C'est pour un chemin de fer que les Chinois ont résolu de construire, le premier chemin de fer qu'ils réaliseront sans le concours des Européens.

La grande montagne aride et oppressante, aux arêtes durement déchiquetées sur le ciel bleu. Des bruits sourds de torrents que l'on ne voit pas. De maigres troupeaux à l'affut d'herbes problématiques. Et toujours, toujours ces lentes processions de chameaux : frise monotone déroulée au long de cette route plate et sinueuse, qui court au fond du défilé.

Enfin, nous l'apercevons la « Grande Muraille » ! Elle grimpe, descend, remonte, suit toutes les courbes de l'escarpement rocheux avec lequel elle fait corps, se confond ; tantôt plongée au fond d'un ravin, on n'aperçoit plus que la cime de ses créneaux ; tantôt au contraire, déployant sa surface grise de briques millénaires, elle semble défier les attaques, provoquer l'assaut de cette cavalerie qui, à l'époque où elle fut élevée (quatrième siècle avant le Christ) remplaçait déjà les pesants chars de guerre ; elle révèle l'incroyable et puéril rêve d'orgueil de cet empereur qui crut ainsi rendre inviolable son pays, sans réfléchir qu'un pareil rempart long de dix mille li (600 kilomètres), ne pourrait jamais être partout également défendu ; mais elle est imposante, pourtant, grandie par le prestige, annoblie par la vétusté.

La grande Muraille de Chine ! Quel vent y souffle, y fait rage ! On la dirait ébranlée par les lourds béliers de la tempête !

Et au delà, la plaine fauve, les escarpements rougeâtres, tout ce paysage pierreux, brûlé, séché jusqu'à l'os, de la Mandchourie, se déroule accablant et morne.

L'on songe à Milton, à ces pages du « Paradis Perdu » qui donnent une impression de solitude remplie de fantômes, de silence traversé de tonnerre, sous un demi-jour d'éclipse.

C'est bien le seuil de ce « Paradis Perdu », désormais encombré par des faces menaçantes et des bras flamboyants.

En ce moment, le vent seul imprime aux grandes surfaces sablonneuses de claires moirures, et tord sur un rocher, dressé comme un récif au milieu de ces plaines, un petit arbre noir et chétif qui gémit.

DES SUPPLICES

Les Chinois ont apporté dans l'art des supplices les raffinements de leur esprit ingénieux, inventif et précis.

Nous ne parlerons pas de ces tortures plus ou moins exceptionnelles, que s'est attardée à décrire la plume complaisante de certains romanciers. Nous ferons allusion seulement à ces petites punitions courantes, contre lesquelles s'excitent en vain les arguties humanitaires des pasteurs anglais, ou même des missionnaires catholiques, enclins à oublier les exemples que leur léguèrent leurs prédécesseurs de l'Inquisition.

Le génie d'un peuple est intéressant à noter dans toutes ses manifestations. Il est aussi naturel d'admirer l'ordre et la fantaisie, si j'ose dire, apportés à la mise en œuvre d'une exécution réussie, que la somme de goût et d'intelligence dépensée pour l'édification d'une belle pagode.

Nous passerons rapidement, d'abord, sur la décapitation, mode trop connu, malgré le détail du sabre souvent rouillé, qui oblige le bourreau à s'y reprendre à plusieurs fois, et à scier ainsi, plutôt qu'il ne le tranche, le cou du condamné.

De même pour la pendaison, la lapidation, inférieure, du reste, au lynchage américain. Mais nous mentionnerons cette invention de l'éponge imbibée d'alcool, à laquelle on met le feu, une fois introduite dans le thorax ouvert du criminel, après lui avoir arraché les poumons. Ce supplice a l'avantage de prolonger l'agonie, et c'est pourquoi, sans doute, il jouit d'une vogue analogue à celui qui consiste à dépecer un homme avec des paires de couteaux portant inscrites — ô méthode ! — la partie du corps sur laquelle ils doivent s'exercer.

En 1900, les Boxeurs retrouvèrent au fond de leur atavique cruauté, ravivée par les circonstances, des usages tombés en désuétude. C'est ainsi qu'ils appliquèrent à des Européens vivants ce procédé, généralement employé par les embaumeurs, qui consiste à retirer à l'aide de crochets introduits dans les narines, bribes par bribes, le cerveau. Ils s'appliquèrent également à éventrer une Suédoise, qui s'était maladroitement attardée sur le rempart de la rue des Légations, afin de lui dérober son enfant âgé de cinq mois, et de la recoudre ensuite, à l'aide de sutures faites avec des pointes de poignard...

Sans doute, m'objectera-t-on, ces supplices sont bien grossiers. D'autres, éclos comme une flore mauvaise au fond du cerveau marécageux de certains vieux lettrés, rachètent par je ne sais quelle perversité exotique, quels rites mystérieux, quel appareil, ce qu'il y a d'un peu naïf et de brutal dans le fait d'interrompre ainsi une existence humaine.

Les supplices voluptueux sont d'ordres variés, mais ils impliqueraient de trop longs développements poétiques pour être traités ici, dans ces notes hâtives.

A TRAVERS LA CHINE

De Pékin à Chang-Haï. Toujours le même paysage bosselé de tombes, orné de tours ; parfois de belles montagnes aux tons de pastel ; des arbres enflammés par l'automne ; des horizons poudreux que transpercent faiblement les rayons d'un soleil rose ; de grands espaces solitaires sur lesquels passe, tournoyante, l'ombre d'un oiseau de haut vol ; rarement, une ferme avec sa mare, ses masures, une charrue attelée de zébus sur laquelle se penche un homme vêtu de toile bleue, sous un immense chapeau champignon qui lui donne l'aspect d'une ombelle monstrueuse, éclose là, parmi les rizières.

Le lendemain matin, après vingt-quatre heures de chemin de fer, c'est Hankeou, une ville pleine d'avenir, sise au bord du « Yang-Tse », dans un des pays les plus fertiles du monde. Les Chinois ne doutent pas de la prospérité de cette ville, car elle est assurée par les signes suivants : sa configuration même forme l'image des trois animaux symboliques favorables : le serpent, emblème de longévité ; le dragon, emblème de force ; la tortue, emblème de stabilité dans la puissance.

De loin, on voit déjà fumer ses hauts fourneaux ; des cheminées de bateaux, des mâtures dépassent le niveau de ses maisons. Dans les concessions européennes, règne une activité commerciale importante :

c'est un va-et-vient précipité de pousse-pousse où sont assis des négociants anglais et belges ; de gros marchands de thé chinois à lunettes d'or ; de petits Japonais vêtus dès le matin d'une redingote, et irrésistiblement comiques, sous ce travesti occidental; des « coolies » portant des caisses suspendues à une canne de bambou ; des charrettes à bœufs chargées de bidons, de pierres de taille, de ballots qu'une grue enlèvera du quai, tout à l'heure, en gémissant, pour les plonger au fond d'une cale de navire, cependant qu'alentour hurleront les sirènes, et que des fumées se déploieront dans le ciel.

Au bord du quai, de jolis « cottages anglais » : terrasses fleuries, nappes damassées où luit de l'argenterie à travers une window ouverte, le bruit grinçant et doux d'une « panka » dont la corde s'allonge et se raccourcit sous le pied d'un boy indolent ; dans un jardin, des allées au gravier clair, sur lesquelles demeurent tracées des roues de bicyclettes ; un écho de mandoline où l'on discerne, à travers des trilles irritants, une fade mélodie de Tosti, ou la mélancolie trépidante d'une chanson nègre.

A l'heure de la promenade, une allée et venue élégante de jeunes femmes en tenue coloniale, pareilles à de grands lys ambulants, avec leurs batistes légères, leurs toiles fraîches, leurs broderies immaculées, dont la blancheur n'est coupée, parfois, que par le ton vif d'une ombrelle.

Les hommes en costumes kaki : officiers, employés de banque, fonctionnaires, membres des consultats, opulents « compradores » à cheval, en pousse, parfois dans une mauvaise automobile qui grince, époumonnée, et disperse autour d'elle, avec des troupeaux de canards, des petits « enfants potiches », gauches dans leurs robes trop longues, avec leurs visages d'émail jaune, où peut à peine glisser, dans la rainure des paupières étroites, un regard terrifié !

Vers le soir, nous nous embarquons sur un paquebot allemand qui doit, en descendant lentement le Fleuve Bleu, nous amener à Chang-Haï dans quelques jours.

Le lendemain matin, quelle illusion ! Il semble que nous nous réveillons au milieu de la mer ! Malgré sa réputation de large fleuve (un des plus larges du monde), le Yang-Tse-Kiang nous stupéfie.

Plus de rives. Une brume légère mais emprisonnante, obsédante, relie là-bas les continents improbables au grand ciel. Qu'il est grand, ce ciel ! On dirait une marine hollandaise. Des jonques flottent sur une eau jaunâtre ; des bandes de terre étroites et plates, — comme si de grands poissons inconnus, crevés depuis des siècles, remontaient à la surface, — émergent à fleur d'eau. Un arbre, parfois, très loin, prend la dimension d'une broussaille noire, tracée à l'encre de Chine, sur le papier gris d'un horizon blême.

Soudain, quelque chose d'informe et de gonflé, de sinistre couleur, surnage quelques secondes, puis s'enfonce, inquiétant. Qu'est-ce que ça peut-être ?

Voici maintenant des débris de chaume, des poutres pourries, une grande branche tragiquement cassée comme par l'ouragan, dont la sève saigne par une plaie blanchâtre de l'écorce.

Toujours pas de berges, pas la silhouette d'un village. Rien que cette eau saumâtre qui roule lourdement. Une fumée de cargo s'évaporant dans le lointain. Un peu à gauche, une grande esquisse de lignes pâles : une chaîne de montagnes ? Mais non, c'est le mirage de cette atmosphère trouble. Et une odeur fétide d'eau croupie, d'eau remplie de choses suspectes, de choses mortes, se mêle à l'impression de désastre que dégage ce beau décor vaporeux, sur lequel la nuit, tout à l'heure, tirera brutalement son rideau noir !

Nous faisons une escale à Tchin-Kiou. Enfin ! le tragique décor de l'inondation a cessé ! Au bout de deux jours, nous avons découvert une rive, une rive morne, sablonneuse, sur laquelle se détachaient des silhouettes humaines, incroyablement petites sur ce fond de ciel immense.

Une curieuse ville cette Tchin-Kiou, bien chinoise, avec ses rues tortueuses, ses pagodes éclatantes et vermoulues, ses dieux féroces, griffes tordues, langues dardées, yeux rouges de flamme, qui nous magnétisent à chaque tournant, ses boutiques sombres où luisent sur des étagères de frêles porcelaines, les façades sculptées de ses maisons branlantes, ses grands mâts historiés autour desquels s'enroulent dragons et lotus dans une coulée d'or et de vermillon, tandis qu'à leurs extrémités recourbées pendent des banderoles fouettées par l'âpre vent venu du fleuve.

Et, en bas, dans le dédale des petites rues humides où ne pénètre pas le soleil, des mendiants vautrés dans les ordures ; des marchands ambulants, la bouche tordue par un cri rauque ; des chanteuses aux cheveux roides séparés en bandeaux par des ferronnières de perles, passant furtivement dans une chaise à porteurs ; un enterrement qui ne laisse apercevoir à travers la foule épaisse qu'un reflet de blancs vêtements de deuil, l'oscillation, au-dessus des têtes, de rameaux en papier et de lanternes dorées, un cercueil en laque qu'emportent, à grandes enjambées, des hommes dont on ne voit attachée à leur crâne poli d'ivoire que la natte noire et aussi par instant, leurs épaules remontées par la tension de l'effort.

Des odeurs de cuisine grasse et de poisson pourri stagnent dans l'air. Toujours ces « canards tapés », aux beaux tons rissolés, pendant parmi les cervelas de chiens et les tripes immondes, aux clous sanglants des boucheries. Beaucoup d'orfèvres. C'est la spécialité de Tchin-Kiou, l'argent repoussé. Comme au fond de forges mystérieuses, dans des arrière-plans de boutiques éclairées au quinquet, le geste rythmique, hypnotisant, d'un ouvrier qui martèle une feuille de métal, puis ensuite, la lime, la creuse, la perce à jour, en tire une image de sa fantaisie guidée pourtant par d'immuables modèles, nous donne l'impression de travailler une matière ductile dans laquelle se détachera, naturellement, la belle fleur de nympheas charnue, la chimère squameuse qu'il a voulu faire vivre, à l'aide d'un peu de flamme et d'un ciseau.

Le lendemain, c'est Kiou-Kiang — une autre ville également vénérable et charmante, enfermée dans sa haute muraille crénelée — que nous visitons. Quel déploiement de force, quelle ingéniosité de ruse, quelle sauvage méfiance révèlent, autour de toutes ces villes chinoises, ces enceintes fortifiées.

On imagine la vie féodale des anciens jours, les grandes invasions qui dévastaient, comme un typhon, ce sol millénaire aux glèbes fécondes, et qui semble aujourd'hui, plus stérile que la surface du désert.

Nous passons devant Nankin durant la nuit sans trop de regrets, car sa célèbre tour de porcelaine fut détruite au dix-neuvième siècle par les Taï-Ping. Demain, paraît-il, nous serons à Chang-Haï.

Oh ! qu'il est beau, le coucher du soleil qui clôt, ce soir, notre voyage sur le Yang-Tsé sinistre et magnifique ! On pourrait, après avoir contemplé cela, renoncer au voyage, à la curiosité des autres spectacles du monde. Ainsi qu'un bouquet de souvenirs un peu séché mais balsamique embaume à jamais un cœur reconnaissant, cette vision suprême suffirait à éclairer de nostalgie tout un avenir !

Ce fut, d'abord, un disque rouge, précis, inquiétant, pareil à ce globe fatal qui sortira des gouffres antarctiques pour veiller, impassible, au lent refroidissement de la terre.

Il s'enfonçait derrière des prairies vertes sur lesquelles commençaient à flotter de légers brouillards.

Puis soudain, ce fut l'explosion ! Laves ardentes, fusées multicolores, corolles précieuses, hallucinantes architectures, suspendues à des nuées enflammées et croûlantes, inimitables paysages... Alentour, des éclaboussures de pourpre, d'ocre, d'indigo, des crépitations de brasier, des rayonnements plus doux que l'éclat du jade ou de la lune, des irisations tremblant comme sur une nacre ou à la gorge duveteuse des pigeons, enfin l'insensible dégradation, l'apaisement de tout cela, interrompu encore une fois par une dernière recrudescence qui embrasa le fleuve, comme si une fête vénitienne, noyée au fond de ses eaux, le faisait resplendir de secrets feux d'artifice et de mille lanternes !

Beaucoup de sampans aux voiles rectangulaires flottent sur ce fleuve. On dirait, à suivre leur vol éparpillé, qu'il est aimanté mystérieusement par les blancs nuages crêtés de rose qui, à cet instant même, fuient de tous côtés dans le ciel.

Où vont-ils ces nuages ? Pourquoi le soleil en se décomposant, les disperse-t-il, les oblige-t-il à aller errer sous cet azur verdâtre demeuré aux voûtes célestes, comme un reflet d'étang ?

Ils sont maintenant pourpres et dorés, ces beaux nuages ; ils ont la forme aventureuse des esquifs et des mouettes faits pour traverser la tempête ! Ils vont s'enfoncer dans le crépuscule violet qui monte derrière les prairies, et enveloppera bientôt cet essaim de sampans dont les voiles rectangulaires inclinent leur grande aile soufrée, pour passer sous l'arche de la nuit.

MEUBLE DE L'ÉPOQUE DES MINGS (Collection de l'Auteur)

CHANG-HAÏ

L'arrivée à Chang-Haï par le Yang-Tse. On a l'impression de traverser les docks de Londres : silhouettes fumeuses d'usines, immenses magasins d'entrepôts, grues dont le bras s'abaisse et se relève fatidique, larges bassins où sont ancrés des yachts. Appuyés à des rives sablonneuses, des bateaux en cales sèches, l'air souffrant et morne, montrent, sous leurs quilles renversées, les meurtrissures du large. Puis, la sombre flotte des cuirassés, sur lesquels ondulent, éclatants, tous les pavillons du monde ; des torpilleurs à l'air sournois et redoutable, dont les carapaces métalliques luisent entre les bois avariés des vieux cargots, des chalands déjetés, des petits sampans aux toits de paille.

Une fumée de charbon éparse sur tout cela, ternit l'azur de l'air, l'éclat de l'eau ensoleillée.

Très majestueuse, d'ailleurs, cette entrée de port. Maintenant, voici la ville. Des maisons à cinq étages construites en briques, transpercées de fenêtres. Le clocher d'une église protestante, que l'on devine au milieu d'un jardin aux ombrages foncés, austère et provincial. De larges voies remplies de voitures, de piétons, et si européennes d'aspect avec leurs magasins, leur macadam, leurs façades monotones, que les « pousse-pousse » y semblent des jouets exotiques, momentanément importés pour une exposition.

Nous atterrissons. De grands Hindous aux beaux turbans, la barbe séparée et relevée par un élastique, afin qu'elle ne traîne pas sur leur uniforme, surveillent la circulation des voitures, la manœuvre des coolies : ce sont des policemen. Ils sont recrutés dans cette secte « sikh » qui fournit à l'armée anglaise, depuis la grande mutinerie, un sérieux apport de vaillance et de fidélité.

Très peu intéressantes les concessions européennes de Chang-Haï. Un champ de courses, des clubs, des stades pour le tennis et le polo, des maisons de thé mi-chinoises, mi-anglaises, où il est d'usage d'aller goûter après la promenade, de belles propriétés, des jardins publics encombrés de statues, des quais splendides le long de la mer, des banques, des théâtres, des hôtels neufs, l'aspect d'une ville riche, affairée, qui bientôt rompra son cadre, débordera dans la campagne, ou peut-être même, empiètera sur la cité chinoise, pour le moment encore à l'abri derrière ses murailles et son canal desséché.

Nous pénétrons dans la ville chinoise de Chang-Haï par un petit pont audacieusement arqué, dont le double parapet formé d'un treillis en losanges de marbre s'unit gracieusement à la courbe d'une rampe aux sculptures patinées, que terminent quatre lions de basalte comiques et terrifiants, cabrés sur leurs socles !

Une fois franchie la porte des remparts, toujours si décorative avec ses angles retroussés sur le ciel bleu, nous nous engageons dans une rue humide, étroite et sombre comme celle d'un bazar turc.

Le soleil filtre difficilement à travers les auvents, les toitures hérissées de monstres, les balcons en saillie, les enseignes de ce dédale de maisons louches sur lesquelles court, toujours prestigieuse, la belle dentelle d'or d'une frise en bois sculpté. Et toujours aussi, l'inoubliable armature formée par ces mâts historiés et creusés comme des pièces d'échiquier gigantesque, auxquels flottent des banderoles, et qui donnent à la silhouette d'ensemble de la ville, une légèreté, un enlèvement, comme le pourraient faire des flèches gothiques.

A chaque devanture est ajusté un panneau couvert de la belle substance vernie et moelleuse de la laque, où devises, maximes, réclames sont tracées au pinceau d'or. La parole de Confucius est encore partout vivante, partout efficace. Admirable morale d'ailleurs, aussi bien adaptée à la compréhension de ce négociant au front bas, aux yeux perçants, lourd de graisse et plein d'une joviale autorité, qu'à celle de ce mandarin aux traits émaciés, au sourire lubrique, au regard à la fois sarcastique, méprisant et cruel, que transporte en ce moment, au bruit de la ferraille, une paire de mules blanches.

Vraiment l'œil s'habitue avec peine au désordre, à l'éclat, à l'animation du spectacle de la vie chinoise !

D'abord, au point de vue cadre, pas un pouce de surface qui ne soit travaillé, biscornu ou peint, couvert d'hiéroglyphes. Un enchevêtrement de lignes folles, un éblouissement de couleurs vives, un grouillement de populace comme perçu à travers le cauchemar ! De temps en temps seulement, une trêve combien délicieuse : c'est dans une rue déserte, fangeuse, un peu triste, l'on passe au pied de la muraille grise, incrustée de coquillages, d'un « yamen », et l'on écoute :

Des bruits d'eaux brisées aux aspérités d'une cascade artificielle, le murmure soyeux d'une branche où passe la brise, à de longs intervalles, un son de voix frêle, aigu, bizarre, puis des crépitations de vols d'insectes mêlés à des bourdonnements d'éventails...

C'est bien le séjour seigneurial de la paix, de la volupté, du silence. Le soleil et l'ombre ne peuvent tomber que verticalement dans ce jardin secret si jalousement clos, et ainsi les heures y doivent paraître à peine dissemblables.

Sans nuances, sans transitions, faites seulement de jour et de nuit, elles doivent former dans la vie de ces habitants, de ces jeunes femmes séquestrées par une coutume ancestrale, un fond de monotonie indicible. Quelquefois pourtant, elles montent sur les terrasses de la maison, ou bien d'un belvédère érigé parmi les arbres nains dans de grands pots de porcelaine, sur un mamelon truqué, elles surprennent la fugitive et délicate beauté d'une aube ou d'un crépuscule.

Le murmure de la ville immense, dissimulée par les feuillages, doit venir battre les hautes murailles comme une houle, et dans leurs cervelles de poupées jaunes, quels désirs se dessinent, alors ?

Peut-être, sont-elles sans curiosité, uniquement préoccupées de babioles, de coquetteries, d'enfantillages ; rares sont, de nos jours, celles qui se livrent au délassement plus raffiné de la musique ou de la poésie. La tradition, selon laquelle certains arts étaient spécialement traités par les femmes de la société, est un peu tombée en désuétude, depuis que c'est à une corporation de professionnelles, les chanteuses, qu'en a été transmis le privilège.

Les chanteuses de Chang-Haï ! Nous les reverrons longtemps encore, elles ne s'effaceront pas de notre mémoire, avec leur jolie coiffure : leurs ferronnières de perles mélangées à des plaques de jade, leurs bandeaux sinueux accordés à leurs délicats profils, que termine si bien une fleur pourpre fixée à l'endroit où les cheveux ramassés en catogan font penser à la queue noire d'une hirondelle. Soit qu'elles trébuchent dans une allée déserte de la promenade publique, soit qu'elles passent blotties au fond d'une calèche ancestrale, à côté d'un ami opulent vêtu d'une tunique de soie mauve que fripe le poids des lourds colliers, soit qu'assises au théâtre, comme des divinités hiératiques, le rouge du plaisir avive l'éclat de leur fard, ou encore, la nuit, au reflet des rues en fête, quand, emportées à califourchon sur le cou d'un serviteur préposé à cet emploi, elles projettent sur la chaussée une ombre falote... partout, la chanteuse chinoise nous paraîtra le symbole de cette civilisation à la fois grossière, raffinée et corrompue, dont l'image de suprême volupté est une fille aux orteils brisés, aux joues peintes, à la voix en fausset, qui sait faire un bouquet selon les rites, citer un vieux poète, entretenir soigneusement l'autel de ses ancêtres.

C'est aux soupers, particulièrement, qu'on les convie. Certaines doivent verser les vins de nénuphar dans les coupes transparentes, cependant que les autres, assises à l'extrémité de la salle, accordent des instruments singuliers dont les harmonies évoquent les dissonances de la nature : bourdonnements d'insectes, cris de crapauds tristes, miaulements que l'oreille discerne, avec un peu d'angoisse, le soir, à l'orée de la jungle...

Elles ne sont pas de mœurs faciles. Il faut les courtiser longuement avant d'obtenir une minime faveur, et encore, cela doit être accompagné de poésies, de serments, de cadeaux surtout. Parfois, elles font de beaux mariages. Mais, le plus souvent elles restent célibataires, fidèles aux traditions de leur caste. Vivant dans des appartements étroits, saturés d'opium, elles perfectionnent, devant des miroirs métalliques enchâssés dans les cloisons, la minauderie de leurs gestes, les jeux de leurs regards obliques, la courbe de leur bouche tordue par ce chant aigu, nasillard, qui semble sortir de la tête, et grâce auquel elles conquièrent leur prestige, défient toute concurrence.

Mais les pitoyables sont celles que l'on trouve dans les maisons de thé des quartiers de plaisir.

Debout sur un tréteau que presse de tous côtés une foule puante, blêmes sous l'épaisseur des poudres de riz médiocres, bouffies par leur vie d'indolence malsaine, elles chantent les unes après les autres, sur un ton morne, coupé d'intonations graveleuses, une mélopée éternellement pareille, où il s'agit d'amour.

Parfois, elles ont le mauvais goût de relever leur pur costume national d'un accessoire de toilette européen. Et c'est ainsi qu'il nous est donné de connaître toute la mélancolie que dégage l'aspect d'une jeune femme habillée d'une molle tunique de soie, d'une paire de pantalons brodés tombant sur des pieds difformes chaussés de mules noires et dont la tête est recouverte d'une casquette de bicycliste ou d'un canotier !

Il est à Chang-Haï un décor particulièrement destiné à être contemplé par le clair de lune. C'est dans la ville chinoise : un grand étang saumâtre, dans lequel baignent les fondations vermoulues d'antiques masures ; au centre s'élève, relié aux rives par de fins ponts de bambous, un charmant pavillon, chantourné, biscornu, hérissé de dragons, dont les toits font danser dans l'eau argentée leurs lignes onduleuses, dont les carreaux grossiers, convexes, un peu glauques, font songer à des yeux de poissons qui rouleraient, phosphorescents, dans les ténèbres...

C'est une maison de thé. Des ombres s'y découpent au reflet d'une lumière huileuse : prostituées, marchands ambulants, débardeurs, tireurs de pousse qui font craquer sous leurs dents jaunes des pistaches, des arachides, puis crachent à terre violemment.

Il est agréable de venir errer au bord de ce grand étang paisible après quelques heures passées dans un théâtre. C'est seulement peu à peu que le fracas des cymbales, les grondements du tam-tam, les mirlitons stridents comme des fifres, les cris d'effroi, les miaulements hystériques de l'orchestre et des acteurs se dissipent au fond du cerveau douloureux. Et c'est peu à peu aussi, que s'atténue le souvenir de cette rampe aveuglante, où s'affrontaient en de forcenés combats des êtres monstrueux sous leurs carapaces métalliques, leurs peaux de serpent, leurs casques aux ornements extravagants, traversés d'une plume de paon démesurée et tremblante, leurs masques verts, jaunes, rouges, où sont fixées dans le carton-pâte, avec un obsédant réalisme, des expressions d'épouvante !

CHINE

Le peuple chinois est très amateur de théâtre. Tout au long des
grandes voies pavoisées, dans les quartiers de plaisir, une foule épaisse
assiège l'entrée de ces tréteaux mal bâtis, asphyxiants de fumée, où sont
attablés, devant des consommations énigmatiques, les spectateurs.

Une pièce dure parfois plusieurs jours ; dans tous les cas, elle
commence dès le matin, et l'on peut voir des fanatiques qui mangent,
fument, somnolent dans le théâtre même, plutôt que de renoncer à ne
pas la voir en entier.

Généralement, le sujet est emprunté à une légende héroïque. L'inter-
vention des démons dans les destinées humaines, la participation du
surnaturel aux actes les plus divers et les plus familiers de la vie décèlent
une fois de plus la prédilection des Chinois pour le fantastique . . . . .

Encore un dernier souvenir de Chang-Haï avant le départ pour
cette Chine du Sud qu'on nous assure être pareille à celle des paravents :
précieuse, compliquée, poétique !

C'est à midi, sur une place qu'entourent les façades lépreuses
d'anciennes maisons très belles, avec leurs toits biscornus, leurs frises
fouillées à jour, leurs portes élancées et contournées, leurs parois grises
sur lesquelles collent, parmi les fientes, des plumes de ramiers. Au milieu,
un brûle-parfum monumental en bronze verdi, est flanqué d'une paire
de ces inévitables mâts enluminés, parachevés de banderoles. A l'opposé
d'une porte en voûte, sous laquelle on aperçoit une ruelle humide,
remplie de piétons qui font tous, aujourd'hui, par cette insolite chaleur,
le geste machinal de s'éventer, se masse un beau temple bouddhique.

Au travers de vantaux à claire voie, son intérieur obscur et doré
offre un singulier contraste avec son aspect de dureté poudreuse, ses
pierres pareilles aux cartilages d'un fossile. Mais ce sont surtout les
arêtes de ses toitures qui sont amusantes, couvertes d'une série
d'animaux symboliques : chimères, lions, phénix, tantôt ramassés

en silhouettes accroupies, tantôt découpés à vif sur le ciel clair.

Un nuage d'encens flotte dans le temple, embrume le tabernacle, l'autel où Fô, le Bouddha, revêtu d'une admirable tunique de brocart, semble dédaigner, impassible, les offrandes empilées sur les plateaux de laque, les bouquets de feuillage, les baguettes parfumées qu'une foule recueillie dépose devant lui, avec des gestes solennels et maniérés : chefs-d'œuvre d'une étiquette millénaire, d'un cérémonial liturgique inintelligible aujourd'hui, même pour les bonzes !

Dans un coin sont amoncelés des rouleaux de papier d'or et d'argent. De temps en temps, un fidèle s'en approche, laisse tomber sur la natte deux ou trois « cents » de cuivre, saisit quelques rouleaux, les jette dans le brûle-parfum qui les consume jusqu'à ce qu'ils ne soient plus qu'un peu de cette fumée qui répand sur toutes choses sa douceur bleuâtre.

Ces papiers symbolisent la richesse. On les brûle pour être agréable aux dieux et utile aux morts. Ne faut-il pas assurer à ces derniers, dans leur vie d'au-delà, outre le nécessaire matériel fourni par les quotidiennes offrandes, un peu d'argent de poche ?

Enfin partout, sous les portes, les plafonds, aux bases, aux chapiteaux des piliers trapus à la couleur sanglante, à travers le clair-obscur des perspectives troubles, grimace cette foule pétrifiée de gnomes, de monstres, de divinités hybrides, dont les corps ont l'air de s'enlacer pour le viol ou le meurtre, dont les masques ont l'éternel sourire sarcastique de la mort !

Et tout au fond, derrière l'autel principal, se laissent deviner d'autres salles encore plus obscures, encore plus chargées de fumées odorantes, où circule une populace bariolée, aux crânes d'ivoire, aux chignons noirs, dont les dos se courbent, frissonnent sous le souffle sacré de la dévotion, une étrange dévotion, semblable à un narcotique, qui laisse au profond du regard une sorte de stupeur, de vision de néant !

HONG-KONG ET MACAO

Après Hong-Kong, l'élégante ville anglaise accrochée aux flancs veloutés d'une île montagneuse, parmi les hautes palmes de ses jardins, sous un ciel déjà tropical, après Hong-Kong à l'amabilité feinte pour mieux dissimuler son meurtrier climat, qu'il est donc charmant de traverser sur un petit bateau blanc et plat — le vrai modèle du bateau fluvial — tout cet archipel que le pic d'Hong-Kong surplombe longtemps encore de sa crête grise et rose, fondue dans le matin naissant !

Un labyrinthe, ce coin de terre !

La vue est bornée de tous côtés par des promontoires aux cimes dentelées, par des îlots qui ont l'air d'esquifs à la dérive, par des caps que l'on contourne avec l'espoir de les trouver reliés au continent, et qui tournent brusquement dans l'inconnu, perdus dans un chassé-croisé de nouvelles perspectives, dans une confusion de plans indescriptibles·

Des flottilles de bateaux pêcheurs éclairent, de leurs voiles soufre, une surface d'eau très tranquille.

Sur l'horizon se profilent des silhouettes de grands décors escarpés. Et ce n'est que lorsqu'un sampan vient assez près de nous pour que nous entendions sa proue sculptée déchirer l'eau soyeuse, que nous nous persuadons n'être pas le jouet d'une hallucination, que ce paysage n'est pas celui de notre fantaisie, et que le Chinois qui pousse, à l'avant, sa gaffe de bambou, ira retrouver tout à l'heure, sur une rive familière, sa case en briques durcies, sa femme aux pieds brisés, son foyer et ses mânes !

. . . .

L'aspect de Macao, quand on approche, est remarquable par le nombre de ses couvents. Murailles roses, murailles ocres surplombées par un campanile, qui cachent des jardins ; façades de chapelles sur lesquelles se dresse, si humble et si triomphante à la fois, une petite croix de fer ; échos et carillons évadés des rives qui viennent s'abîmer dans la vague sonore ; tout le Portugal est là, étagé en amphithéâtre, sous l'image de cette petite ville mystique et romanesque, avec ses miradores, ses cimetières, ses balcons en saillie, ses ruelles dallées où semblent s'attarder, avec le bruit du bâton du veilleur de nuit, un murmure de barcarolle.

C'est un dimanche. Toutes les belles dames de Macao vont à la cathédrale, enveloppées d'une sorte de mante en taffetas noir, qui ressemble au « habbarah » de la femme turque et au domino de la Vénitienne. Quelques Chinoises qui, par déférence, une fois dans l'église, recouvrent leur tête d'un foulard, se glissent, menues, parmi elles.

Elles sont très massives et très nonchalantes, très créoles d'allure, ces Portugaises de Macao. On devine leurs existences paresseuses à l'ombre des jalousies baissées, des existences que réveille seul l'attrait de la gourmandise : la confection de quelque « curry » savant ou de quelque pâtisserie au gingembre.

Potins et sucreries ; parfois, un tour à la promenade, surtout les jours de musique militaire ; l'office chaque matin ; le dimanche, la grand'messe ; prétexte à exhiber de nouveaux atours, à aiguiser sa médisance ; voilà les incidents importants qui marquent la plupart de ces destinées.

Pourtant, il en est d'autres, peut-être : elle n'est pas faite que de gourmandise, de malveillance et d'ennui, la vie de cette belle jeune femme qui passe, en ce moment même, le long de la plage, sous les tamaris échevelés ?

Sa démarche en cadence est agréable à contempler, comme si l'on écoutait de la musique.

Elle est habillée à l'européenne, son profil a la netteté aristocratique du beau type aryen, son teint a la pâleur ardente du magnolia, et pourtant, quelque chose en elle surprend, déconcerte.

Etrange problème que celui de l'hérédité !

Maintenant qu'elle est de face, je crois découvrir la raison de mon trouble : ces paupières retroussées, ces pommettes et ces mâchoires saillantes qui donnent à la physionomie tant de caractère, ce regard faux où passe, par instants, une ironie mystérieuse, glacée, ne sont-ils pas les indices du mélange de sang, ne dénoncent-ils pas l'atavisme chinois ?

Nous en retrouverons bien d'autres, dans les écoles catholiques, de ces étranges métisses. Parfois, elles seront le produit de mélange de sang chinois et anglais, elles joindront la désinvolture un peu brutale, la sveltesse un peu anguleuse de la race anglo-saxonne à la grâce langoureuse de cette race d'Extrême-Orient affinée par la volupté des longues paresses.

Ce sont des centaines de petites filles abandonnées, d'adorables poupées jaunes aux yeux bridés, à la bouche en fraise, titubant, les jambes encore incertaines sous leurs pantalons de soie, que recueillent les sœurs de ces missions étrangères.

Plusieurs grandes salles sont remplies par le bourdonnement des métiers et du bavardage de toutes ces fillettes, qui retrouvent sous leurs doigts habiles à diriger l'aiguille ou le pinceau, le génie des grands brodeurs, leurs ancêtres, l'inspiration de ces poètes de la soie qui savaient si bien fixer un peu de leur rêve, avec un peu de la nature contemplée, sur une trame subtile !

On leur laisse porter leur costume ; on respecte les habitudes de toutes ces petites orphelines. La nouvelle foi à laquelle elles sont converties les oblige seulement à porter une petite croix d'argent bien humble, et à baragouiner, dans un vague idiome européen, des prières auxquelles elles croient de toute la ferveur de leur cœur. Quelle séduction, d'ailleurs, pour elles que les cérémonies du culte catholique !

C'est plus beau que le théâtre plein de monstres, de cris et de masques affreux, une grand'messe !

L'éblouissement de ces cierges, les senteurs énervantes de ces fleurs tropicales trop capiteuses, semble-t-il, pour célébrer dignement la pureté sacrée de la Vierge, l'austère sérénité du Christ ; ces musiques d'orgues où semble gémir l'extase des séraphins ; quel luxe d'émotion pour une Chinoise !

Ce matin dimanche où je suis entrée dans la cathédrale, pour en maudire les horribles plâtres « rococo », je suis pourtant récompensée de ma visite, par la vue de ces jeunes femmes, de ces petites filles passionnément prosternées sur les dalles, comme si, dans leurs transports, elles voulaient s'unir au marbre.

L'exubérante piété des grosses Portugaises semble vaine et froide auprès de l'exaltation concentrée qui embrase le regard, courbe le dos des nouvelles initiées : ces Chinoises qui, hier encore, apportaient à Confucius des bols de riz.

C'est, d'ailleurs, très imposant aujourd'hui, la grand'messe. Son Excellence le gouverneur y assiste, au milieu de son escorte d'officiers, de chambellans : de vieux messieurs arrogants et solennels, à l'air très « grands d'Espagne », très peints par « Greco » — on cherche une fraise sur leur uniforme ! — des dames d'honneur qui ont des robes aux teintes effacées et aux plis nombreux, d'un style tout à fait suranné et charmant, auquel s'accorde bien leur poudre de riz trop bleue sur leurs joues plates et longues. Ce cortège a été amené dans des chaises à porteurs en velours noir, sur lequel sont frappés, en argent, les écussons de la couronne royale. La livrée des porteurs est noir et argent aussi, un peu funèbre, mais elle a grand air, elle ne détonne pas dans cet ensemble qui évoque la reconstitution du dix-septième siècle portugais, un dix-septième siècle portugais violent et sombre, par tout ce qu'il suggère d'hécatombes mystiques, de colonisations sanguinaires, d'aventures romanesques, d'épique poésie !

Avec un cérémonial qui certainement n'a pas été modifié depuis deux cents ans, le gouverneur, tout à l'heure, et sa suite, sortiront de l'église pour assister debout, tête nue, sur la place ensoleillée, à la procession, à ce défilé de petites métisses gentiment travesties en chérubins avec des ailes de gaze, de jeunes néophytes chinois, diacres prêtres, dont la natte pend sur l'étole dorée, d'enfants de chœur au sourire de potiche qui gambadent gauchement en balançant l'encensoir. Et pour accompagner tout cela, une fois que les derniers accords de l'orgue s'évanouissent par le portail grand ouvert, le canon, qui depuis l'aube n'avait pas cessé de faire sursauter la ville, recommence à tonner, formidable et enfantin, répandant dans toutes les consciences l'effroi et le respect du « vrai Dieu ».

C'est aujourd'hui dimanche que dans la « via de la Felicitade », les casas de jogo — les maisons de jeu — vont faire de l'argent. Les pistaches, les cigarettes, le thé, l'opium, que ces établissements fournissent gratuitement aux clients afin de les attirer, de les retenir, seront un appât presque inutile, car, par un semblable jour de fête, à quel autre divertissement pourraient bien se livrer en dehors de la distraction des vêpres, tous ces Chinois convertis ?

Nous pénétrons dans une de ces maisons. Elle est située dans une rue étroite et fraîche, au long de laquelle sont suspendues des enseignes portant toujours cette même inscription : « Casa de jogo », « Casa de jogo »...

Des courtisanes, assises au seuil d'une chambre sombre, donnant de plain-pied sur la chaussée, et qui alterne presque régulièrement avec ces tripots, nous envoient des sourires. Elles sont effroyablement fardées, couvertes de bijoux et de vêtements de soie aux broderies si fines qu'il faudrait les regarder, comme une enluminure, à la loupe. Leur mobilier est d'ébène et de nacre ; une gerbe de fleurs est généralement posée dans un vase à long col, sur un guéridon, devant un dieu tutélaire ; on entrevoit, reflétée dans une glace verdie, une pièce adjacente que remplissent un grand lit de laque, le « kang », divan classique pour fumer l'opium, des tabourets sur lesquels sont négligemment jetés des vêtements bleuâtres.

La disposition intérieure de ces maisons de jeu est partout la même : une grande salle ornée de violents lambris polychromes, soutenue par des colonnes peintes également, au milieu de laquelle s'élève un escalier noir et vermoulu, terriblement roide, qui conduit à un premier étage en communication avec le rez-de-chaussée par une sorte d'orifice pratiqué dans le plancher, et autour duquel court une rampe où sont accoudés des spectateurs ; ces spectateurs peuvent donc suivre ainsi, de cette espèce de galerie circulaire, les péripéties de la partie qui se joue sur la table placée juste au-dessous. Une petite corbeille, que l'on hisse à l'aide de ficelles, assure le transport de l'argent entre les clients, là-haut, de la galerie, et le croupier, et c'est avec les piastres remuées, le seul bruit qu'on entende dans cette atmosphère énervée et attentive, celui de cette bannette montée et descendue par une poulie frêle.

Le jeu de « fan-tan » est un jeu de hasard merveilleusement conditionné par l'apparente régularité avec laquelle alternent les pertes et les gains. C'est un jeu en quelque sorte rassurant, qui ruine tranquillement, irrésistiblement, sans ostentation, sans imprévu, celui qui s'y adonne.

La plupart des coolies de Macao viennent enrichir une de ces maisons hospitalières, dès qu'ils ont touché la somme la plus minime.

Du matin au soir, on les trouve installés ici : leur visage osseux est ravagé par la fièvre ; ils sont soutenus par une unique et suprême énergie : la cupidité ; leurs mains amaigries ont une courbe rapace qu'exagère la longueur des ongles aigus comme des serres !

Les pousse-pousse qui nous ont amenés n'ont pas pu résister à la tentation. Ils ont laissé leur petite voiture à la porte, et les voilà, dépliant fébrilement un bout de papier crasseux dans lequel est entortillé un dollar.

Je m'étonne moins de la splendeur des jardins et des pavillons que je visite à la fin de cette journée, quand j'apprends que c'est le Chinois, propriétaire de toutes les maisons de jeu de Macao, qui les fit dessiner et construire pour son agrément. Une belle histoire de parvenu que celle de ce coolie, qui exploite le vice latent de ses concitoyens, en fondant d'abord un petit tripot bien tranquille, bien modeste, très engageant, lorsqu'on sait pouvoir y trouver gratuitement ces riens qui embellissent ici, autant qu'en Occident, la vie d'un homme, à savoir des cigarettes, des boissons, et surtout cet attrait plus fort que tout autre : l'espoir de s'enrichir sans effort, d'un seul coup, en quelques minutes de veine ! Peu à peu, l'affaire progresse, réussit tant et si bien, que c'est à soixante-dix que s'élève le nombre de ces établissements avoués au su de tous, approuvés même par le gouvernement à qui notre Chinois doit payer une taxe formidable, afin d'en garder le monopole.

Ils sont vraiment très plaisants les jardins d'après-midi de ce Chinois. Un peu à l'écart de la ville, au milieu d'une campagne délicieuse où frissonnent de hauts mimosas, sous l'ombre protectrice, métallique et dure des palmiers, ils s'étagent, suivant une gradation insensible de pentes cailloureuses, entre de claires plates-bandes, interrompues de vasques et de jets d'eau.

Si la grâce maniérée des décors en rocaille, des grottes artificielles, des dallages en mosaïque et en coquillages, des petits arbres torturés dans des pots trop grands, est une concession faite à la tradition, ce Chinois témoigne d'autre part, par un sentiment de l'ordonnance des couleurs et de la symétrie des lignes, d'un goût presque français ou persan.

Dans l'un des pavillons est conservé le cercueil de sa première femme : une favorite. Toujours fermé, avec ses boiseries légères découpées à claire-voie comme un « moucharabieh », sous des stores de soie aux harmonies riches mais sombres, ce pavillon fait l'effet d'un catafalque. Dans l'éclatant jardin plein de soleil, de couleurs et de bruits, sa présence est comme celle d'un mélancolique fantôme. Pourtant, il est d'une architecture charmante. Des clochetons de faïence ornent les angles retroussés de ses toitures ; il tient moins au sol, dirait-on, par le poids de sa masse que par l'heureux équilibre de ses proportions.

Très souvent, des amis sont conviés à venir prendre le thé dans ce pavillon. On dissimule le cercueil derrière un paravent, des cierges sont allumés tout autour pour la circonstance, l'offrande de thé remplit l'air d'une senteur vanillée, des bouquets de fleurs jettent sur le sombre vernis de la boîte funèbre leur éclat précaire, et les lettrés discourent longuement, après beaucoup de « laïes » de déférence, sur la douceur de la « divine température », l'état de leurs « honorables » santés, l'hospitalité vraiment fastueuse de « l'auguste » propriétaire ! Jamais ils ne font allusion aux nombreuses concubines que ce riche tenancier de tripots, par exemple, détient actuellement. Ce serait d'une suprême inconvenance ! Légitimes ou illégitimes, les femmes sont des personnalités inexistantes, malgré qu'elles soient le centre, le point d'appui de cette institution de la famille sur laquelle repose tout le système social et philosophique de la Chine, depuis des siècles.

Un pélerinage au jardin consacré à Camoëns : un très beau jardin avec ses roches moussues, ses épaisses ramures, ses bambous hauts et droits comme des hampes aux étendards vaporeux, ses banians étalés et charpentés comme une cathédrale dont les arcs-boutants seraient des racines puissantes, dont les voûtes seraient des berceaux de feuillage, si noirs sur le ciel bleu, qu'ils procurent, rien qu'à les contempler, une sensation de fraîcheur ! En vérité, un très vieux jardin bossué, tassé, bouleversé par les intempéries, les cataclysmes, les siècles, la fantaisie des hommes, tout en ombre, en fraîcheur, en mystère, avec parfois, dans un fourré, un étang marécageux que dissimulent sournoisement des feuilles mortes.

Dans un rocher est encastré un médaillon en marbre du poète ; un peu au-dessous, une plaque commémorative, une épitaphe en vers, une couronne d'immortelles nouées par un gros ruban défraîchi, et devant tout cela, assis sur des bancs de pierre, deux ou trois flâneurs, de vieux rentiers portugais qui regardent l'heure passer, mourir, dorer ces vestiges mélancoliques de la gloire d'un grand homme.

Voici la légende : Camoëns ayant naufragé se sauva à la nage, et aborda ici à Macao, tenant à la main le précieux manuscrit des Lusiades alors inachevé. La ville reconnaissante lui offrit en hommage ce beau jardin, où son ombre errante de poète peut venir rêver, le soir, quand les grenouilles et les sauterelles rendent soudain sensible, avec leurs cris, la vie pullulante des fonds de l'eau et des dessous de l'herbe...

. . . .

Une admirable promenade au crépuscule. On longe une route tracée à mi-côte. A gauche, ce sont des jardins en terrasses, fleuris, réguliers, sonores de fontaines ; à droite, des récifs blanchâtres contre lesquels la lame vient mourir, ivre d'écume, ou bien des criques enchâssant une eau calme, violette et bleue, comme transparente sous un verre de Bohème.

Des sampans dont la voile goudronnée ressemble, de loin, à une aile d'or, filent vite, penchés par la brise du soir, vers les nuées amoncelées au couchant. Elles semblent, ces riantes nuées, le rivage d'une terre inconnue, inhabitée, où doit résider le bonheur !

Les tamaris font entendre, ébranlés par l'air, une musique plaintive. Nous croisons de jeunes Portugaises qui chantent et se poursuivent en courant, les bras chargés de feuillage rouillé, admirables d'ardeur sous leurs robes sombres. Les propriétés des riches Chinois alternent avec de grands espaces sauvages, où croît le lentisque odorant sur un sol maigre, sablonneux, marqué d'empreintes de chèvres.

Toujours très suggestives ces maisons chinoises ; en voici une où vient d'être allumée une lumière discrète qui empourpre un store de soie sur lequel s'ébauche, faiblement, le contour d'une silhouette. Le silence la baigne. Soudain, des sons de voix, des pas précipités qui font grésiller le gravier, des rires, une bousculade : une troupe d'enfants sort de l'ombre d'une allée, saute une plate-bande, et s'éloigne en courant, vers la maison, dans la zone de clarté grise où l'incertain crépuscule nous permet de discerner encore leurs petites tuniques et leurs pantalons de soie bleue, leurs fronts rasés, leurs nattes noires, leur impayable aspect de poupée en caoutchouc, toute disloquée par l'ardeur du jeu.

En rentrant dans la ville, à la nuit tombée, notre oreille est attirée par un bruit lointain de tam-tam, un bruit sourd, inquiétant, que traversent les plaintes d'une flûte stridente. Le rythme de ce tam-tam est précipité, on dirait un roulement de tambour comme pour exciter les hommes au combat. Mais cette flûte ? Elle est aiguë, insistante, désolée. Elle gémit sur trois notes monotones, atteint régulièrement un paroxysme, puis retombe au même diapason, inlassable !

Nous nous approchons, et découvrons enfin, par la porte entre-bâillée, au fond d'une pièce, des musiciens accroupis. Ils ont été certainement conviés pour un service funèbre, une sorte de cérémonie commémorative célébrée dans la maison même du défunt. Voici, d'ailleurs, à travers le nuage des baguettes d'encens, son portrait, devant lequel se prosternent des formes blanches. Ce sont des parents, des amis, qui ont arboré les insignes du deuil : ces vêtements immaculés ; même leur natte est tressée avec des cordelettes de soie blanche.

Ils accomplissent les rites d'usage, saluent la personnalité fictive du défunt avec le cérémonial ordinaire : ce sont des « tchins-tchins » répétés, des inclinaisons de tout le buste, des murmures, des congratulations, des sourires de bienséance. Ils brûlent du papier doré, présentent des offrandes, font le simulacre de passer, comme au milieu d'un repas, la serviette imbibée d'eau chaude avec laquelle le mort devra s'essuyer le visage et les mains. Le prêtre qui officie est vêtu de blanc lui aussi. Il dépasse de sa haute taille les plateaux de laque et les brûle-parfums cloisonnés, et l'on voit, sur la muraille, l'ombre de sa main impérieuse qui scande la gémissante mélopée des trois tams-tams et de la flûte...

CANTON

Comme nous sommes loin de la Chine du Nord, de Pékin aux majestueuses avenues, aux portes triomphales, de cette campagne mongole qui paraît immense, bordée par des montagnes lointaines dont les cimes baignent dans l'azur glacé des altitudes !

Canton : un entre-croisement de ruelles tapageuses et fétides, pleines d'une foule affairée circulant comme dans les artères d'un grand bazar, à l'ombre de vélums, de toitures en bambou qui rétrécissent la perspective, répandent une ombre qui donne à l'aspect des choses des valeurs d'eau-forte.

D'innombrables magasins : marchands de thé, de soieries, de jade ; râpeurs de tabac au fond d'échoppes obscures que transpercent l'or et l'écarlate d'un portrait d'ancêtre ; triperies de chien et de porc, tisserands, vendeurs d'épices, bijoutiers faisant subir à des plumes idéalement bleues de martins-pêcheurs des préparations savantes, afin de leur donner cet aspect lisse et brillant de l'émail, et qu'elles puissent, ainsi, orner de beaux peignes aux fleurs en relief, des broches, des bagues, des boucles d'oreilles fragiles.

Beaucoup de temples aussi : celui de « la Médecine », garni à l'intérieur de frises en bois colorié et sculpté, représentant des scènes de mœurs, des tableaux de l'enfer bouddhique, des légendes. Le temple de « la Littérature » où trône un Confucius habillé, comme au temps des Mings, d'une robe de brocart minutieusement traitée ; le temple des « Cinq cents Arhats ou des Cinq cents Génies », rempli des statues des Sages, grandeur nature ; enfin, le temple des « Ancêtres » : noble spécimen d'art auquel collaborent le stuc, la laque, le bois, sans doute trop chargé d'ornements, mais intéressant par cela même, par cette verve d'imagina-tion dépensée dans un inextricable fouillis de détails, une débauche de lignes, de couleurs, à travers lesquelles se détachent parfois une forme pure, un accent heureux, telle une impression de silence dans un incohérent tumulte !

C'est dans ce temple des « Ancêtres » — des ancêtres privilégiés — que leurs descendants viennent prier et porter des offrandes quatre fois par mois. Mais ceci est la dernière cérémonie imposée par les rites de cet astreignant et compliqué culte des morts.

En général, les gens riches procèdent ainsi : ils gardent le décédé trois semaines chez eux, puis ils le confient au dépôt mortuaire, l'y laissent une vingtaine d'années, l'ensevelissent enfin, viennent en dernier ressort, rendre hommage à leurs mânes dans quelque temple !

Une bien curieuse institution que ce dépôt mortuaire ! Il est situé dans un grand et triste jardin, où le vent d'automne pourchasse des tourbillons de feuilles sèches. C'est une série de petits bâtiments, composés de chambres où sont enfermés des cercueils. Beaucoup d'offrandes alimentaires et de fleurs sont déposées sur des gradins appuyés à la muraille. Une récente explosion a détruit une annexe et fait sauter le couvercle de plusieurs de ces sarcophages.

Oh ! l'affreux spectacle de ces bières éventrées, où il nous est permis de discerner des lambeaux de chair carbonisée, des os noircis, une bouillie des membres informes, au milieu de laquelle luisent, intacts, un bouton de jade, la plaque d'argent d'un « chû » : des insignes de haut dignitaire !

L'hôpital chinois, un peu plus loin, nous réserve aussi une sinistre surprise. Dans des espèces de cellules, étendus deux par deux sur des nattes, râlent des moribonds. Des infirmiers, vêtus de loques immondes, leur distribuent du riz dans des bols ébréchés. Une odeur fade de cadavre mêlée à des relents de cuisine et de phénol, empoisonne l'air. Sur un mur, sont accrochées les photographies de quarante Chinois — inquiétants faciès de vagabonds au sourire étrangement ironique ! — tués la semaine dernière par l'effondrement d'une toiture. Ce lieu est un ensemble de malpropreté, de désordre et de misère, sur lequel plane la grande ombre de la mort : la mort des humbles, la mort clandestine et honteuse qui ne nécessite pas l'appareil des lanternes dorées, des rameaux de feuillages, des licteurs tout en rouge, des cercueils précieux et des chanteuses de prix, mais bien le départ lugubre, au petit jour, d'un malheureux roulé dans sa blouse de cotonnade bleue, à travers les trous de laquelle transparaît une nudité blême.

Et au-dessus de cela, le ciel est impassiblement radieux. Des trombes sonores de pigeons passent au-dessus des toitures retroussées.

D'une pagode à cinq étages, à demi en ruines, mais somptueuse encore sous son fard vermillon, nous contemplons la ville de Canton, tout en reliefs, en saillies, en lignes déchiquetées et onduleuses, d'où s'échappe un bruit confus comme un bourdonnement de ruche.

Au milieu, « Chamine », l'île réservée aux Européens, si calme, si provinciale, avec ses grands arbres et ses maisons basses entre deux canaux, où sont amarrés des sampans à la voile ocre... Plus loin, sur le beau fleuve qui tourne et s'émancipe, élargi, devant la « colline du Nuage blanc », flottent des « bateaux de fleurs », ces « bateaux de fleurs» où, ce soir, des mandarins voluptueux feront danser de jolies filles aux petits pieds, aux voix aiguës, cependant qu'ils élèveront, en libations vers les dieux, leurs coupes de jade remplies de vin de nénuphar !

Yvonne VERNON.

TABLES

TABLE DES CHAPITRES

CHINE

TABLE DES GRAVURES

Imprimé par

A. TOLMER & Cie

13, Quai d'Anjou

P A R I S